HuShi

未名讲坛

欧阳哲生讲胡适

欧阳哲生 / 著

北京大学出版社
PEKING UNIVERSIYT PRESS

图书在版编目(CIP)数据

欧阳哲生讲胡适/欧阳哲生著.—北京:北京大学出版社,2008.1
(未名讲坛)
ISBN 978-7-301-13290-6

Ⅰ.欧… Ⅱ.欧… Ⅲ.①胡适(1891~1962)-生平事迹 ②胡适(1891~1962)-思想评论 Ⅳ.K825.4 B261

中国版本图书馆 CIP 数据核字(2007)第 197615 号

书　　名	欧阳哲生讲胡适
著作责任者	欧阳哲生　著
丛书策划	杨书澜
责任编辑	王炜烨　杨书澜
版式设计	王炜烨
标准书号	ISBN 978-7-301-13290-6/G·2270
出版发行	北京大学出版社
地　　址	北京市海淀区成府路 205 号　100871
网　　址	http://www.pup.cn
电　　话	邮购部 62752015　发行部 62750672　编辑部 62752824 出版部 62754962
电子邮箱	weidf02@sina.com
印 刷 者	北京宏伟双华印刷有限公司
经 销 者	新华书店
	890 毫米×1240 毫米　A5　7.25 印张　149 千字 2008 年 1 月第 1 版　2008 年 1 月第 1 次印刷
定　　价	24.00 元

未经许可,不得以任何方式复制或抄袭本书之部分或全部内容。
版权所有,侵权必究
举报电话:010-62752024　电子邮箱:fd@pup.pku.edu.cn

《未名讲坛》序

汤一介[*]

德国哲学家雅斯贝尔斯(1883～1969)曾经提出"轴心时代"的观念。他认为,在公元前500年前后,在古希腊、印度、中国和以色列等地几乎同时出现了伟大的思想家,他们都对人类关切的根本问题提出了独到的看法。古希腊有苏格拉底、柏拉图,印度有释迦牟尼,中国有老子、孔子,以色列有犹太教的先知们,形成了不同的文化传统。这些文化传统经过两千多年的发展已经成为人类文化的主要精神财富。"人类一直靠轴心时代所产生的思考和创造的一切而生存,每一次新的飞跃都回顾这一时期,并被它重新燃起火焰。"[①]例如,欧洲的文艺复兴就是把目光投向其文化的源头古希腊,使欧洲的文明重新燃起新的光辉,而对世界产生重大影响。中国的宋明理学(新儒学)在经受印度佛教的冲击后,再次回归孔孟,而把中国哲学提高到一个新的水平。各个民族、各个国家的思想家们就是这样一代一代相传地推动着人类历史文

---

[*] 北京大学哲学系教授、博士生导师,中国文化书院创院院长,北京大学哲学系文化研究所名誉所长。

[①] 雅斯贝尔斯:《历史的起源与目标》,华夏出版社1989年版,第14页。

化的发展。我想,上述雅斯贝尔斯关于"轴心时代"的观念,可以对这套《未名讲坛》丛书的编写有一点重要启示,这就是人类必须不断回顾自己的历史,重温自己的文化传统。人类的历史是由人自身创造的,这中间推动历史前进的伟大思想大师无疑起着巨大的作用。如果我们能用准确而生动的语言写出这些大师富于启迪性的思想,应该能实现这套《未名讲坛》丛书所希望的"让大师走进大众,让大众了解大师"的宗旨。

司马迁说:"居今之世,志古之道,所以自镜者,未必尽同。"我们生活在今天,有志向实现自古以来人类的理想,重温自古以来的人们走过的历史历程,以此作为我们的借鉴,是非常必要的。因为"历史是一面镜子",虽然世移事迁,现在和过去不一定都一样,但总可以从古来的大师们的智慧中得到教诲。自古以来可以称得上"大师"的应该是:既能以他的深邃的思想引导人,又能以他的人格魅力吸引人,他们是真、善、美的化身。但是,看看今天我们的社会,不能不承认确实存在着不少问题,也许最为使人们担心的是,由于物欲的驱动,让许多人失去了理想,丢掉了做人的道理,这样下去将是十分危险的。"榜样的力量是无穷的",这套《未名讲坛》丛书对我们将能起着以"大师"为榜样的作用,使我们在各自的岗位上,不断丰富自己的知识,提高自己的理论思维能力,加强自己的道德修养,为人类社会的福祉做自己力所能及的事。

汤一介
2005 年 8 月 8 日

胡适画像

本书胡适画像及照片版权为作者所有,不得翻拍。

胡适逝世后美国报刊刊登美国记者拍摄的胡适照片

胡适画像

1939年5月25日晚胡适、美国助理国务卿小Adolf Berle、美国最高法院副大法官Harlan F. Stone出席哥伦比亚大学毕业生在Shoreham旅馆举行的校友聚餐会

1939年10月30日晚胡适与美中协会主席W. M. Chadbourne在Waldorf-Astoria会面

1939年10月10日胡适为参加"中国日"仪式到达治安法庭

1940年1月25日在William街57号美国援华医疗办事处办公室胡适与小Col. Theodore Roosevelt手握大勋章,它是奖励Col. Roosevelt为他给予中国的一系列帮助

1940年10月3日胡适与美国联邦安全事务官员 Paul V. McNutt 出席捐献给中国的救济款仪式

胡适任驻美大使期间会见美国朋友

胡适任驻美大使期间与身边工作人员合影

胡适与老虎

1961年在台北合影。后排：胡适（左二）、蒋梦麟（右二）、胡祖望（右一）。前排：曾淑昭（左一）、胡复（右一）等

目 录

第一章 胡适在现代中国 ………………………… 1
 一、胡适与他的时代 ……………………………… 2
 二、胡适研究正成为一门显学 …………………… 5
 三、"胡适大批判"的来龙去脉 ………………… 15
 四、胡适与现代中国的自由主义 ………………… 24
 五、胡适与美国 …………………………………… 32

第二章 重新发现胡适
  ——胡适档案文献的发掘、整理与利用 … 42
 一、中国大陆胡适档案文献整理、出版情况 … 45
 二、台湾地区有关胡适文献档案的整理、
   出版 …………………………………………… 58
 三、美国有关胡适档案文献的整理、出版 …… 64
 四、胡适档案文献的价值及其提出的问题 …… 69

第三章 哥伦比亚大学的学术世界
  ——胡适与哥伦比亚大学 ………………… 72
 一、"博"而"精"的学业准备 ………………… 73
 二、博士学位之迷 ………………………………… 85
 三、杜威与胡适亦师亦友的关系 ……………… 98
 四、胡适与母校哥大的来往 …………………… 110
 五、胡适:哥大的一位杰出校友 ……………… 124

第四章 中国近代学人对哲学的理解
　　——以胡适为中心 …………… 137
　一、从王国维到蔡元培：西方"哲学"观念的
　　　输入 …………… 138
　二、胡适：西方化的中国哲学 …………… 148
　三、现代新儒家：中国哲学的现代化与
　　　民族化 …………… 160
第五章 中国现代哲学史上的胡适 …………… 172
　一、介绍西方哲学 …………… 173
　二、中国哲学史(思想史)研究 …………… 177
　三、胡适哲学成就的检讨 …………… 190
附录一　中国哲学史研究范式回顾 …………… 195
附录二　胡适：1917(电视纪录片脚本) …………… 207
跋　语 …………… 221

第一章

胡适在现代中国

胡适是20世纪中国著名的学者、思想家和教育家。从1917年2月他在《新青年》杂志发表《文学改良刍议》一文"暴得大名"后,他就成为中国知识界的中心人物之一,簇拥在他周围有一大群青年学子和知识分子。他几度沉浮,饱受争议。然经过历史的、时代的洗炼,今天在人们看来,他仍是现代中国颇具份量、受到人们重视的大师级文化人物之一。把握胡适的学术成就和思想成份并非易事,遑论公允、平实的评价。在研究胡适的过程中,我注意到一种特有的现象:他是一个被人不断发掘、不断发现的历史人物,批判也好、重评也罢,都明显带有与时俱进的痕迹。

一个历史巨人往往给人们带来两次震撼:第一次

是在生前,他以自己的创造性的成就或超前性的突破,引起世人的震撼和历史的震荡。第二次是在死后,当人们重新解读他的作品、了解他的生平,破解隐藏在他思想背后的各种奥秘,发现他私人生活中许多鲜为人知、不可思议的轶事、故事、情事、险事,我们会再次体验到一次心灵的震撼。胡适是这样的一个历史人物,他生前所给予中国知识界的巨大冲击力和研究他的"胡适学"所呈现的丰富性、挑战性,都让时代产生一次又一次的刺激、兴奋和争议。

一、胡适与他的时代

首先让我们回溯一下胡适的生平吧!

胡适,1891年12月17日(光绪十七年十一月十七日)生于上海,原籍安徽绩溪。取名嗣穈,后改名适,字适之。父亲胡传(1841—1895年),母亲冯顺弟(1873—1918年)为胡传第三房妻子。

胡适的一生大致可以分为三个阶段:第一阶段是他早年的求学阶段(1891—1917年)。胡适自幼随父亲在上海、台湾居住。1895年父亲去世,母亲带他回到家乡绩溪,在老家私塾接受了九年传统教育。1904年胡适由三哥带至上海读书,先后就读于梅溪、澄衷、中国公学、中国新公学等新式学堂,开始接触西学,深受梁启超、严复等"维新"思想家的进步思想影响。1910年7月胡适考取第二批清华庚款留美官费生,先在康乃尔大学学习农科,1912年转学文学院,1915年9月进入哥伦比亚大学哲学系,服膺杜威的实验主义哲学。留学期间,胡适受到系统的美式西学教育和训练。1917年5月胡适提交答辩的博士论文是《中国古代哲学方法之进化史》(A Study of The Development of Logical Method in Ancient China)。遗憾的是,因种种原因,当年他并没有获得博士学位。从传统教育,到新式教育,再到赴美留学,胡适早年的求学过程实为当时中国教育文化急速转型的一个缩影。

第二阶段是他的学术拓展阶段(1917—1937年)。1917年7月胡适学成归国,9月被聘为北京大学教授。此时的北大是新文化运动的中心,胡适参与《新青年》的编辑工作,提倡"文学革命"和个性解放,在新文化运动中起了振聋发聩的作用。1922年5月胡适主编的《努力周报》创刊,发表《我们的政治主张》,提倡"好政府主义";进行古史讨论和"科学与人生观"论战,成为学术界注目的焦点。

1926年7月胡适取道苏联赴英、法和美国访问。在美国访问期间,他补办了延误十年的博士学位手续。1927年5月回国后,胡适先后在上海东吴大学、光华大学、中国公学任教,担任中国公学校长。1928年3月创刊《新月》,在该刊他与罗隆基、梁实秋一起就"人权"问题批评国民党当局,受到国民党组织的围剿,被迫辞去中国公学校长一职,离开上海。

1931年1月胡适出任北京大学文学院院长,与丁文江、蒋廷黻、傅斯年等人一起创办《独立评论》,在该刊就民主与独裁、中日关系、东西文化等问题展开热烈讨论,成为北方知识界的舆论重镇。

如果我们将学者的成材归类为学术早熟型和大器晚成型两种类型,胡适显然属于学术早熟这一类的典型。举凡胡适一生最重要的作品,如《中国哲学史大纲》(1919年)、《短篇小说一集》(译著,1919年)、《尝试集》(1920年)、《胡适文存》(1921年)、《胡适文存二集》(1924年)、《章实斋先生年谱》(1924年)、《戴东原的哲学》(1927年)、《白话文学史》(1928年)、《中国中古思想史长编》(1930年)、《胡适文存三集》(1930年)、《中国中古思想小史》(1931年)、《胡适文选》(1931年)、《四十自述》(1933年)、《短篇小说二集》(译著,1933年)、The Chinese Renaissance(《中国的文艺复兴》,1934年)、《胡适论学近著》(1935年)均是在他45岁以前完成并出版。20世纪二三十年代是胡适一生学术成长最快、最具影响力的时期。不过,在这一阶段,伴随胡适的不仅仅是学者宁静的书斋,而且是周围环境的喧哗与争吵,从1917年的"文学革命",到五四时期的东西文化论战、科学与人生观论争,再到1920年代后期的人权论战,再到1930年代的民主与独裁论战。胡适始终处在思想的旋涡里,经受时代风雨的锤打。

第三阶段是胡适的晚年时期(1937—1962年)。1937年"七七"事变后,胡适被国民政府征调赴欧美做外交宣传工作,以争取国际上对中国抗战的支持。1938年10月被任命为驻美大使,直到1942年去职。卸任大使后,先后在哈佛大学、哥伦比亚大学任教,并从事《水经注》考证等学术工作。

1946年7月胡适回国正式出任北京大学校长,1946年11月出席南京政府包办的"国民大会",为主席团成员。1948年当选为中央研究院第一届院士。1949年4月离开大陆赴美,在美度过了其长达八年的寓公生涯。1950年9月曾受聘普林斯顿大学葛斯德东方图书馆馆长,任此职近两年,这对胡适来说也许是一个嘲弄,毛泽东曾多次表示,只要胡适愿意留在北平或回归大陆,可以让他担任北京图书馆馆长,胡适未曾动心,但在他执意逗留美国这段期间,他所得的唯一正式职位,却是这份图书管理员的工作。随后胡适主要以讲演、写作为生。1956年冬与哥伦比亚大学东亚研究所中国口述历史部的工作人员唐德刚先生合作编撰《胡适口述自传》,为其一生学术工作做结账式的总结。

1958年胡适回到台北担任"中央"研究院院长、"国家"长期发展科学委员会主任等职,1962年2月24日因心脏病猝发去世。

胡适最后25年,亦政亦学,行政工作消耗了他的主要精力和时光。在学术上他从事禅宗史研究、《水经注》考证,却无新的重大建树;政治上他大力宣传自由主义,成为中国自由主义的精神领袖。

胡适一生中、英文著述甚巨。2003年9月安徽教育出版社出版了《胡适全集》(44卷),将其一生各类著作合成出版,共约二千多万字。胡适的文化成就赢得了中外学术界的推重,美、英等国给其颁发了35个荣誉博士学位,是20世纪中国最具国际声誉的文化巨匠。

二、胡适研究正成为一门显学

在中国大陆学术界,胡适是近年来备受人们关注的现代历史人物之一,这一现象可从以下三个方面得到印证:一是以胡适为主题的研究成果大量出现。据统计,近二十年来大陆出版的胡适评传、编著、著作50余部,研究论文数百篇①。著作、评传有:耿云志《胡适研究论稿》(成都:四川人民出版社,1985年)、《胡适新论》(长沙:湖南出版社,1996年)、《胡适评传》(上海古籍出版社,1999年),石原皋《闲话胡适》(合肥:安徽人民出版社,1985年),易竹贤《胡适传》(武汉:湖北人民出版社,1987年)、《胡适与现代中国文化》(武汉大学出版社,1993年),沈寂《时代碣鉴——胡适的白话文、政论、婚恋》(重庆出版社,1996年)、《胡适政论与近代中国》(香港:商务印书馆,1993年),胡明《胡适传论》(北京:人民文学出版社,1996年)、《胡适思想与中国文化》(桂林:广西师大出版社,2005年),王鉴平、杨国荣《胡适与中西文化》(成都:四川人民出版社,1990年),黄艾仁《胡适与中国名人》(南京:江苏教育出版社,1993年)、《胡适与著名作家》(合肥:安徽大学出版社,1998年),章清《胡适评传》(南昌:百花洲文艺出版社,1994年)、《"胡适派"学人群与现代中国自由主义》(上海古籍出版社,2004

---

① 有关1979年以来中国研究胡适的论文、著作目录索引,参见闻黎明编:《胡适研究要目》(1978—1990年),收入耿云志、闻黎明编:《现代学术史上的胡适》,北京:三联书店1993年5月版,第378—401页。闻黎明编:《近两年来胡适研究论著目录》(1991—1993年),收入《胡适研究丛刊》第一辑,北京大学出版社1995年5月版,第345—358页。胡成业、伍发明编:《胡适研究论著及资料索引》(1994—1996年),收入《胡适研究丛刊》第3辑,北京:中国青年出版社1998年8月版,第391—401页。薛贞芳编:《胡适研究论著目录》(1990—1993年),收入《胡适研究集刊》第1辑,合肥:安徽教育出版社1996年8月版,第383—401页。薛贞芳编:《胡适研究论著目录》(1994—1996年),收入《胡适研究集刊》第2辑,合肥:安徽教育出版社2000年7月版,第381—401页。薛贞芳、陆发春编:《胡适研究论著目录》(1997—2000年),收入《胡适研究丛刊》第3辑,合肥:安徽教育出版社2001年12月版。

年)、白吉庵《胡适传》(长沙：湖南教育出版社,1987年)、《胡适传》(北京：人民出版社,1993年)、沈卫威《胡适传》(开封：河南大学出版社,1988年)、《文化、心态、人格——认识胡适》(开封：河南大学出版社,1991年)、《传统与现代之间——寻找胡适》(河南大学出版社,1994年)、《无地自由——胡适传》(上海文艺出版社,1994年)、《自由守望——胡适派文人引论》(上海文艺出版社,1997年)、《胡适周围》(北京：中国工人出版社,2003年)、《胡适画传》(广州：广东教育出版社,2004年),朱文华《胡适传》(重庆出版社,1988年)、《鲁迅、胡适、郭沫若连环比较评传》(上海文艺出版社,1991年),颜振吾《胡适研究丛录》(北京：三联书店,1989年),胡晓《胡适思想与现代中国》(合肥：安徽人民出版社,1993年),欧阳哲生《自由主义之累——胡适思想的现代阐释》(上海人民出版社,1993年。南昌：江西教育出版社,2007年修订)、《解析胡适》(北京：社科文献出版社,2000年)、《追忆胡适》(北京：社科文献出版社,2000年),黄书光《胡适教育思想研究》(沈阳：辽宁教育出版社,1994年)罗志田《再造文明之梦——胡适传》(成都：四川人民出版社,1995年),宋剑华《胡适与中国文化转型》(哈尔滨：黑龙江教育出版社,1996年),吴二持《胡适文化思想论析》(北京：东方出版社,1998年),闻继宁《胡适之的哲学》(上海：三联书店,1999年),孙郁《鲁迅与胡适》(沈阳：辽宁人民出版社,2000年),刘筱红《胡适》(武汉：湖北教育出版社,2000年)、朱洪《胡适大传》(合肥：安徽人民出版社,2001年),徐雁平《胡适与整理国故考论》(合肥：安徽教育出版社,2003

年)、子通《胡适评说八十年》(北京：中国华侨出版社，2003年)，汪幸福《胡适与〈自由中国〉》(武汉：湖北人民出版社，2004年)，曹德裕《梁启超与胡适》(长春：吉林人民出版社，2004年)，曹而云《白话文体与现代性——以胡适的白话文理论为个案》(上海：三联书店，2006年)，智效民《胡适和他的朋友们》(昆明：云南人民出版社，2004年)，钟军红《胡适与新诗歌理论批评》(北京：人民文学出版社，2005年)，莫高义《书生大使——胡适出使美国研究》(广州：广东人民出版社，2006年)，周海波《胡适：新派传统的北大教授》(北京：中国长安出版社，2005年)，王瑞《鲁迅与胡适文化心理比较》(北京：社科文献出版社，2006年)，廖七一《胡适诗歌翻译研究》(北京：清华大学出版社，2006年)，郭淑新《胡适与中国传统哲学的现代转换》(合肥：安徽人民出版社，2006年)，赵文静《胡适的改写与新文化的建构》(上海：复旦大学出版社，2006年)，李玲《胡适与中国现代民俗学》(北京：学苑出版社，2007年)，桑逢康《胡适在北大》(北京：文化艺术出版社，2007年)等。这不是一个完全的论著目录，一些随感性、通俗性的著作，尚不在其列。资料索引两种：陈金淦《胡适研究资料》(中国现代文学史资料汇编乙种)(北京十月文艺出版社，1989年8月版)、季维龙《胡适著译系年目录》(上海人民出版社，1984年1月版。合肥：安徽教育出版社，1995年8月修订版)。年谱两种：耿云志《胡适年谱》(成都：四川人民出版社，1989年)、曹伯言、季维龙《胡适年谱》(合肥：安徽教育出版社，1990年)。美国出版的两本有关胡适的英文著作：格里德(Jerome B. Grieder)的《胡适与中国的文艺复兴》(*Hu Shih and the Chinese Renaissance: Liberalism in the Chinese Revolution 1917—1937*, Cambridge, Mass: Harvard University Press, 1970)和周明之(Min-Chih Chou)的《胡适与中国现代知识分子的选择》(*Hu Shih and Intellectual Choice in Modern China*. Ann Arbor: The University of Michigan Press, 1984)分别有了鲁奇译、王友琴校《胡适与中国的文艺复兴》(南京:江苏人民出版社,1996年3月版)、张振玉译《胡适评传》(南海出版公司,1992年3月版)和雷颐译《胡适与中国现代知识分子的选择》(成都:四川人民出版社,1991年8月版)等中译本。在国内还出现了两种以胡适为专题研究对象的不定期刊物:《胡适研究丛刊》(先后由北大出版社、中国青年出版社出版,已出3辑)、《胡适研究集刊》(安徽教育出版社出版,已出3辑)。

二是胡适本人的作品、学术著作大量出版,多达上百种。有按内容专题分类的文集,如《胡适学术文集》(中华书局)、《胡适中国古典文学研究论文集》、《胡适红楼梦研究论文集》(上海古籍出版社)、《胡适说禅》(中国青年出版社)、《胡适诗话》(四川文艺出版社)等。有按作品体裁分类的文集,如《胡适来往书信选》、《胡适的日记》(中华书局)、《胡适诗存》(人民文学出版社)、《胡适演讲集》、《胡适散文》(中国广播电视出版社)、《胡适书评序跋文集》(岳麓书社)、《胡适文化学术随笔》(中国青年出版社)、《胡适书信集》(北大出版社)、《胡适日记全编》(安徽教育出版社)等。有按胡适生前出版的原貌影印或重印的,如《尝试集》(中国书店)、《中国哲学史大纲》(商务印书馆)、《白话文学史》(岳麓书社)等。上海书店出版的"民国丛书"也收入了《胡适文存》、《四十自述》等多种胡适著作。有的则是新编普及性的胡适作品集子。近年出版的一些有关中国近现代人物丛书,大多保留了胡适的位置。在这些众多的胡适作品中,《胡适学术文集》(中华书局版)、《胡适文集》(北大版、人民文学版)、《胡适精品集》(光明日报版)、《胡适精品系列选》(安徽教育版)等大型胡适作品集尤为引人注目。2003年9月,安徽教育出版社出版了《胡适全集》(44卷),所收胡适中英文著作多达二千余万字,这是海内外胡适作品最大规模的一次结集出版。

三是多次举办有关胡适的学术会议。1991年在安徽绩溪召开了第一次胡适学术研讨会,1992年在北京召开了"胡适研究的回顾与展望"座谈会,1993年在青岛召开了胡适思想研讨会,1995年在上海召开了"胡适与中国新文化运动"研讨会,2001年12月在北京为纪念胡适诞辰110周年举行了座谈会。

与胡适有关的书籍越来越多,参与胡适研究队伍的人数也越来越多。更令人可喜的是,越来越多的青年学生、学者投入到这项研究中来,或者说表现出对胡适研究的浓厚兴趣。1997年我的硕士毕业论文为《胡适早期政治思想研究》,1992年的博士毕业论文为《胡适思想研究》。1990年代以后,与胡适这一题材相关的博士论文有:郑大华的《梁漱溟与胡适:现代中国两种文化思潮的比较》(北京师范大学,1990年)、顾红亮的《杜威哲学对近代中国哲学之影响》(华东师范大学,1994年)、杨金荣的《胡适晚年的角色与命运考论》(南京大学,1994年)、旷新年的《胡适文学思想研究》(北京大学,1996年)、章清的《胡适派学人群与现代中国自由主义:自由知识分子的"话语空间"与权势网络"》(复旦大学,1998年)、白亨达的《胡适的国语文学观研究》(南京大学,1999年)、张晓唯的《五四文化人个案研究:蔡元培与胡适1917—1937年》(南开大学,1999年)、夏英林的《实用主义在中国——从杜威到胡适》(中山大学,1999年)、徐改平的《胡适——新文学的开拓者》(北京师范大学,2000年)、李建军的《胡适政治观研究》(南京大学,2001年)、董德福的《梁启超与胡适:两代知识分子学思历程的比较研究》(南京大学,2002年)、徐雁平的《整理国故与中国文学研究——以胡适为中心的考论》(南京大学,2002年)、曹雨云的《白话文体与现代性——以胡适的白话文理论为个案研究》(北京师范大学,2003年)、杨国良的《输出与输入——论胡适留学前和留学时代译介的预备、内容及价值》(复旦大学,2003年)、李小玲的《论胡适文学观中的民俗理念》(华东师范大学,2003年)、王瑞《徘徊在传统与现代之间的两位文化巨人:鲁迅、胡适》(武汉大学,2004年)、石元镐的《胡适与冯友兰自由观的比较》(中国社会科学院哲学所,2004年)、莫高义的《胡适使美研究》(中山大学,2005年)、高志毅的《自由主义在近代中国的历史命运——〈独立评论〉时期的胡适政治思想研究》(南开大学,2005年)、张海燕的《胡适对杜威实验主义方法论的解读与应用》(中国社科院,2005年)、刘东方的《五四时期胡适的文体理论》(山东师范大学,2006年)、谢修庆的《胡适的宗教批判及其意义》(中山大学,2006年)等。台湾地区与胡适相关的博士论文有:邓玉祥的《胡适思想研究》(辅仁大学,1991年)、林正三的《从胡适与基督教的互动关系谈胡适的宗教情操》(东吴大学,2000年)、张锡辉的《文化危机与诠释传统:论梁启超、胡适对清代学术思想的诠释与意义》(台湾师范大学,2001年)。至于硕士论文的数量则更多,因搜集不易,我们暂时无法统计。

与大陆的情形相一致,海外在胡适研究方面也有一定的进展。1990年前后,围绕胡适诞辰一百周年,台湾、香港和美国等地都举办了纪念性的学术研讨会和其他类型的纪念活动①。美国成立了国际胡适研究会,出版了李又宁主编的"胡适研究会丛书"。这套丛书集海内外众多学者之力,由纽约天外出版社出版,现已出《胡适与他的朋友》(1—6集)、《胡适与国民党》、《胡适与民主人士》、《回忆胡适先生文集》(1—2集)、《胡适与他的家族和家乡》等11册。

可以说,在中国现代人物研究中,胡适研究已形成一定规模,并呈现出多边参与的国际化特点,多学科参与的综合化特点。有人说,胡适是现在学术界研究的热点人物之一。有人认为,胡适研究是一门新的显学。我个人并不想高估。不过,相对20世纪五六十年代,许多人对待胡适所持的否定、冷漠态度而言,今天的确发生了很大的变化,而且这种发展还在持续。

胡适研究之所以能获得今天这样的进展,其中的原因或者说动力主要为:

---

① 参见周策纵等:《胡适研究与近代中国》,台北:时报文化出版公司1991年版。刘青峰编:《胡适与现代中国文化的转型》,香港中文大学出版社1994年1月版。

一、中国大陆的社会政治环境发生了很大变化，改革、开放的政策解除了过去对胡适的禁忌，这使得胡适研究有了重新启动和开展的可能。

二、胡适本身的历史地位和具有的文化魅力，也是吸引学者们投身其中的一个不可忽视的原因。胡适作为一个历史主题之所以能引起人们的持续注意力，与他本身所蕴含的文化魅力有关，我们几乎可以在胡适身上找到与时代有关的许多思想主题，如自由、民主、现代性、传统与现代、东西方的文化关系、治学方法、文学理论、新诗、翻译等，甚至包括一些非常具体的问题，如大家关心的国际政治中的中美关系，学术史上的"红学"、敦煌学、《水经注》考证等，我们都能借助于胡适作为一个话题来讨论，都能看到胡适的身影。我并不是说胡适已为我们探讨这些问题提供了现成的完整答案，而是他展现了这些主题，参与了这些课题，他提供了对我们来说仍具参考价值的解答。在现代中国，要找到第二位能像胡适这样，如此贴近于我们的时代，如此丰富、多面地表现中国现代文化的进步的文化历史人物，并非易事。这样说，可能是出于我个人的偏见，事实上任何一种观点都不免带有偏见。英国有一句俗语，说不尽的莎士比亚。我也想套用这句话说：说不尽的胡适之。

三、有关胡适档案材料和资料的公布，也是促使这项研究发展的一个重要动力。这里主要有四个材料源：一是大陆的中国社科院近代史所，它的地点是东厂胡同一号，它曾是明代特务机构"东厂"的所在地，民国大总统黎元洪的寓所，胡适任北大校长时也住在这里。1948年12月胡适离开北平时，将自己的物品，包括书籍、手稿、私人档案都存放在这里。二是北京大学，北大是胡适多年工作过的地方，学校档案馆、图书馆也保存了部分胡适的书籍、手稿本、信件和照片，胡适在遗嘱中所说的"一百零二箱书籍"大部分仍存放在北大图书馆。前几年在清理这些书籍时，居然还发现了胡适最早的日记本——他在上海澄衷学堂读书时的日记。三是台北的胡适纪念馆，那里也收藏了不少胡适晚年的手稿、书信和档案材料，并整理出版了一些材料，如《胡适手稿》（十册）、《谈学论诗二十年——胡适与杨联陞来往书信》等。四是美国，胡适在美国学习、工作、生活了近25年，在他曾经学习、工作和生活过的地方，如康乃尔大学、哥伦比亚大学、普林斯顿大学也保留了一些材料，见诸于各种报章杂志的胡适英文作品、讲演或有关胡适的报道也不少。袁同礼先生、周质平教授在搜集胡适英文著述方面做了大量工作。

四、对胡适大批判的反弹。按照物理学原理，凡事压力愈大，其反弹力也愈大。今天的胡适研究不能不说也具有拨乱反正性质，季羡林先生曾写过一篇文章，题目是"为胡适说几句话"，他给《胡适全集》所作序的标题也是"还胡适以本来面目"。从这两个标题中我们可以看到这位老知识分子内心隐发的一股情绪，这就是对当年的"胡适大批判"的极为不满。

我认为，一个历史人物研究的成熟需要具备三个条件：一套全集、一部资料完备的年谱和一部或数部公认的权威传记。以这个标准来衡量现今的胡适研究，这三项条件已经基本具备。可以说，目前的胡适研究已经越过初始的历史评价阶段，摆脱过去那种粗犷形研究，向更高层次、更细密化研究方向发展。

三、"胡适大批判"的来龙去脉

胡适研究有一个引人注目的前奏曲,这就是20世纪50年代中期的"胡适大批判"。在胡适研究中,这是一个沉重而令人深思的话题,也是一个不得不涉及的问题。

胡适是1948年12月15日离开北平南下,1949年4月6日从上海乘海轮去美国。胡适离开大陆后,1949年5月11日,《人民日报》发表了一封时任辅仁大学校长陈垣《给胡适之的一封公开信》。1950年9月22日,香港左派报纸《大公报》发表了胡思杜的《对我父亲——胡适的批判》,这篇文章是胡思杜在华北人民革命大学政治研究学院毕业时的《思想总结》的第二部分。这是现能查到的胡适离开大陆后最早批胡的两篇文字。耐人寻味的是,这两篇文章,一篇出自胡适的老朋友,一篇出自胡适的小儿子。

实际上,在1949年八九月间,毛泽东为新华社撰写的五篇著名社论中,数次以严厉的口吻,批评自由主义或民主个人主义,在其中的《丢掉幻想,准备斗争》一文中则明确点名胡适、傅斯年、钱穆为国民党所能控制的少数几个人①,这三个人物已定性为"反动文人学者"的代表。有一种说法,胡适被中共列入了"战犯"名单,但迄今我们并没有找到直接的文件根据。在1948年12月25日中共权威人士声明中所提的43名

---

① 参见《丢掉幻想,准备斗争》,收入《毛泽东选集》第4卷,北京:人民出版社1968年版,第1374页。

战犯名单,从首犯蒋介石到最后一名张君劢,其中并没有胡适的名字。据龚育之先生提供的材料,1949年1月20日中共中央电贺淮海战役胜利结束,经毛泽东修改定稿的这个电报中说:现在南京城内尚有头等战犯……及其他罪大恶极的帮凶们,例如胡适、郑介民、叶秀峰等人,企图继续作恶。1月26日新华社电称:国民党统治区人民纷纷讨论战犯名单,认为尚有许多战犯被遗漏。许多学生和教授认为名单中必须包括战争鼓吹者胡适、于斌和叶青①。这应该属于一种政治宣传和舆论造势,而不是政策宣示。证之于以后毛泽东及中共领导人士发表有关惩治、逮捕国民党战犯的谈话或正式声明,亦未提及胡适的名字。1954年11月郭沫若对《光明日报》记者的谈话中说:"我们在政治上已经宣布胡适为战犯,但在某些人的心目中,胡适还是学术界的'孔子'。这个'孔子'我们还没有把他打倒,甚至可以说我们还很少去碰过他。"②这段谈话显然也是为发动、动员批胡运动而发。

第一次批胡运动从1951年11月至1952年1月,是以"京津高等学校教师学习改造运动"的形式出现的。稍后又有"北京文艺界整风学习运动"。这场运动规模不大,只是局限在京津高等院校,涉及的人员主要也是一些高级知识分子。

大规模的批胡运动,或者说第二次批胡运动,是在

---

① 参见郁之(龚育之):《毛与胡适》,载1995年9月《读书》第9期。
② 《中国科学院郭沫若院长关于文化学术界应开展反对资产阶级错误思想的斗争,对〈光明日报〉记者的谈话》,载1954年11月8日《光明日报》。

1954年11月开始的。导火线则是九十月间的"《红楼梦》事件"。这次批胡运动是以郭沫若、周扬两人出面挂帅。1954年11月8日《光明日报》刊登《中国科学院郭沫若院长关于文化学术界应开展反对资产阶级错误思想的斗争,对〈光明日报〉记者的谈话》,12月8日郭沫若又在中国文学艺术界联合会主席团、中国作家协会主席团扩大会议上发表《三点建议》①,周扬在会议上发表了题为"我们必须战斗"的长篇报告②。郭、周的公开发言,可以说是"胡适大批判"的动员令。但真正的授意应该说是没有出面的毛泽东。在《毛泽东选集》第五卷,我们能找到毛泽东1954年10月16日《关于〈红楼梦〉研究问题的信》,这封信当年是作为《人民日报》的"编者按"出现于报端的,现在我们知道这是出自毛泽东的手笔,它实际上明确发出了批胡的指示。在信中,毛泽东由点名批评俞平伯、《文艺报》、电影《清宫秘史》和《武训传》,将矛头转向胡适,批示:"看样子,这个反对在古典文学领域毒害青年三十余年的胡适资产阶级唯心论的斗争,也许可以开展起来了。"③这封信最初的阅读对象为党内高层领导人和宣传、文化部门的负责人④,经过极短时间的酝酿,即见诸于《人民日报》。

1954年12月2日,中国科学院院务会议和中国作家协会主席团举行了联席会议,决定联合召开批判

---

① 该文刊登于1954年12月9日《人民日报》。
② 载1955年1月28日《新华月报》第1期。
③ 《关于〈红楼梦〉研究问题的信》,收入《毛泽东选集》第5卷,北京:人民出版社1977年4月版,第134页。
④ 参见《建国以来毛泽东文稿》第4册,北京:中央文献出版社1990年9月版,第575页"注释"(1)。

胡适思想的讨论会。从胡适哲学思想批判、政治思想、历史观点、文学思想、哲学史观点、文学史观点以及考据在历史和古典文学研究工作中地位和作用、《红楼梦》的人民性和艺术成就、和对历来《红楼梦》研究批判等九个方面展开讨论。由中国作家协会和中国科学院邀请对上述九个方面的内容有研究的人士参加讨论①。面对这份批判清单，胡适表示："这张单子给我一个印象，那就是纵然迟至今日（1958 年），中国共产党还认为我做了一些工作，而在上述七（九）项工作中，每一项里，我都还留有'余毒'未清呢！"②从当时发行的材料看，"胡适大批判"运动是由一个"胡适思想批判讨论会工作委员会"来领导和推动。为了给"胡适大批判"提供材料，"胡适思想批判讨论会工作委员会秘书处"编印了一套供"内部参考"的《胡适思想批判参考资料》，先后分发了七辑，它们是：一、《胡适的一部分信件底稿》（1926 年 4 月至 1936 年 12 月）；二、《胡适在抗日战争时期的一部分日记》；三、《胡适发表在〈自由中国〉杂志上的一部分论文》（1949 年 11 月至 1955 年 2 月）；四、《胡适在 1921 和 1922 年的一部分日记》；五、《胡适文辑》（分哲学、史学、文学、文教、政治五册）；六、《胡适言论集》（1952 年 11 月至 1953 年 1 月）；七、《胡适言论辑录》（1926 年至 1954 年）。内中部分材料如书信、日记，出自胡适的私人档案。

---

① 参见《展开对胡适思想的批判》，载 1955 年 2 月 2 日《学习》第 2 期，第 42 页。

② 参见唐德刚译注：《胡适口述自传》第十章《从整理国故到研究和尚》，收入《胡适文集》第 1 册，北京大学出版社 1998 年 11 月版，第 377 页。

"胡适大批判"运动几乎动员了整个知识界,包括胡适的许多朋友、同事、学生也卷入其中。翻阅一遍《胡适思想批判》(8辑)和当时各地出版的各种批胡书籍,即可看到其涉及的人数之多、领域之广。这场大批判运动持续到1955年8月,前后长达10个月。作为这次运动的一个总结性成果是三联书店出版的洋洋三百万字的《胡适思想批判》(8辑)。实际上,当时批胡的文字远远不只这些。人所共知,三联书店是中国著名的出版机构,也是层次比较高的出版社,能在这里发表文字并不是一件容易的事。所以收集在《胡适思想批判》(8辑)中的文字,主要是一些著名学者或新锐作者的批判文章。当时散落在各种学报、刊物、报纸上的批胡文字,未汇集成书者还有不少。很多青年学生在课堂内外以作业的形式撰写的批胡文字,其数量就更无法统计,他们的文字当然也没有资格变成铅字了。1959年为纪念五四运动40周年,又从上面八辑《胡适思想批判》中选了一批文章编成一个精华本,这大概算是"胡适大批判"运动的尾声了。

据三联书店的一位老编辑告诉我,当年那八大本的《胡适思想批判》是作为应急的任务临时编出来的。因为任务紧,时间急,只好将这八册的编辑任务分给全社的编辑分头去做,所以没有一个编辑从头至尾看过这八册书稿。他估想,全世界只有一个人看过这八本书,这个人就是胡适本人。从现在出版的《胡适日记全编》,我们可以看到,在这一段时间胡适收集了不少剪报,有的剪报后还留有批语。2001年,我前往芝加哥大学访问时,得悉该校居然还保存着一本当年研究这场运动的英文博士论文,作者即是当时在芝加哥大学攻读政治学博士学位的连战先生,他大概为了写作博士论文的需要,极有可能也阅读了这些批判文献。

经过这场运动,胡适变成了一个头戴多顶帽子、臭名昭著的"反动人物"。胡适的个人学术名誉、学术地位可以说是一落千丈。接着又是揪出所谓"胡风反革命集团",以后人们真正是谈"胡"色变,以至对胡姓产生恶感。文革中,有一些革命样板戏或革命题材的影片,剧中的反面人物都是以胡姓出现的,如《沙家浜》中的胡传魁,《闪闪的红星》中的胡汉三。

在建国初期,为什么要动这么大的干戈去批判胡适?这是一个值得探讨的问题,对此有各种不同的解释。有人认为这是意识形态的问题,胡适的思想与新建立的意识形态当然是两种不同的思想体系,根据"破旧立新"这一逻辑,消除胡适的思想"毒素"影响是理所当然的事。有人则强调当时的外交背景,当时中国大陆的对外政策是"一边倒"——倒向苏联,很多知识分子对此不能理解,甚至有抵触情绪。著名的翻译家傅雷先生曾在1947年4月翻译斯诺《美苏关系检讨》一文,并作代序《我们对美苏关系的态度》,刊登于4月24、25日《文汇报》。同年7月22日又发表《所谓反美亲苏》,刊于储安平主编的《观察》第2卷第24期。看文章的标题就可以知道他的思想倾向了。当时的中、高级知识分子中大都在英美留过学,或接受了自由主义的思想影响,他们虽然对西方帝国主义行径怀有不满甚至愤恨的情绪,但在政治理念上又倾向于西方式的民主政治,在国际关系上则主张在美、苏对立中采取中立的态度。要将他们的观念从亲英美或者主张中立的立场转变到亲苏这一边来,的确需要做很多工作,"胡适大批判"只是提供一个"杀一儆百"的样板。借批判胡适这样一个亲美派的中坚人物,警告与他同一类型的知识分子。有人以为主要是与毛泽东的个人心态有关,五四时期毛泽东曾在北大图书馆作过助理管理员,这是毛泽东早期成长过程中的一个重要环节,因为这一经历,毛泽东与陈独秀、李大钊熟识,并在他们的影响下成为一个马克思主义者;也是在这一过程中,毛泽东结识了胡适、傅斯年,与他们有过密切接触,毛泽东在《湘江评论》上发表的《民众的大联合》一文,还受到胡、傅的赞扬。① 但不能讳言的是,毛那时在北大的地位低微,待遇颇低,每个月的收入只有八九个银元,加上一些北大师生与他接触时态度偏傲,这无疑使自尊心极强的毛泽东产生一种挫折感,这种情绪在1936年他与美国记者斯诺的谈话中多少有些流露②,他后来对高级知识分子的心态与这一历史阴影多少有些关系。解放后,北大校庆活动邀请毛泽东,不管是逢五的"小庆",还是逢十的"大庆",他老人家都未再赏脸踏入北大校园。

在"胡适大批判"之后,毛泽东在一些场合也提及过胡适。1956年2月,毛泽东在怀仁堂宴请出席政协

---

① 参见胡适:《介绍新出版物〈建设〉、〈湘江评论〉、〈星期日〉》,载1919年8月24日《每周评论》第36号。傅斯年:《〈新潮〉之回顾与前瞻》,载1919年10月《新潮》第2卷第1号。

② 毛泽东对斯诺说:"我的职位低微,大家都不理我。我的工作中有一项是登记来图书馆读报的人的姓名,可是对他们大多数人来说,我这个人是不存在的。在那些来阅览的人当中,我认出了一些有名的新文化运动头面人物的名字,如傅斯年、罗家伦等等,我对他们极有兴趣,我打算去和他们攀谈政治和文化问题,可是他们都是些大忙人,没有时间听一个图书馆助理员说南方话。"〔美〕埃德加·斯诺著:《西行漫记》,董乐山译,北京:三联书店1979年12月版,第127页。

会议的知识分子代表时说:"胡适这个人,也真顽固,我们托人带信给他,劝他回来,也不知他贪恋什么?批判嘛,总没有什么好话。说实话,新文化运动他是有功劳的,不能一笔抹煞,应当实事求是。到了21世纪,那时候,替他恢复名誉吧!"①如他在参观北京图书馆时,当他站在一架胡适留下的古籍面前时,对北图的工作人员表示,如果胡适回来,还会请他担任北图的馆长。在怀仁堂的一次讲话中,毛泽东甚至表示,胡适在新文化运动中是有功劳的,我们对他现在要批,50年后再给他平反。1964年8月18日毛泽东同几位哲学工作者谈话,在谈到《红楼梦》研究时表示:"蔡元培对《红楼梦》的观点是不对的,胡适的看法比较对一点。"②

体现中共高层对胡适态度的某些变化,最典型的事例是1956年9月16日周鲠生到瑞士参加"世界联合国同志大会"后,又应"英国联合国同志会"之邀赴伦敦访问。在伦敦时他会见了老朋友陈源,两人畅谈了三小时。周鲠生除动员陈源回大陆外,还请陈转达胡适,劝胡也回大陆看看。9月20日,陈源致信胡适转述了周鲠生的意思。信中原原本本地交待了周、陈之间的一段对话:

> 我说起大陆上许多朋友的自我批判及七八本"胡适评判"。他说有一时期自我批判甚为风行,现在已经过去了。
>
> 对于你,是对你的思想,并不是对你个人。你

---

① 唐弢:《春天的怀念》,收入《风雨同舟四十年(1949—1989)》,北京:中国文史出版社1990年版,第116页。
② 参见郁之:《毛与胡适》,原载1995年9月《读书》第9期。

如回去,一定还是受到欢迎。我说你如回去看看,还能出来吗?他说:"绝对没有问题。"

他要我转告你,劝你多做学术方面的工作,不必谈政治。他说应放眼看看世界上的实在情形,不要将眼光拘于一地。①

周鲠生以外交部顾问兼外交学会副会长的身份出访欧洲,他向陈、胡发出回大陆的邀请,我想这绝不是周本人的意思,而是来自最高领导者的表态。争取胡适回大陆及对胡适评价的某些变化,这些信息也可能反映出大陆正在变化的外交政策,即与中苏关系破裂这一背景有着微妙的关系。当然,对于陈源的递话,胡适在陈信中"对于你,是对你的思想,并不是对你个人"这句话的下面划了线,并写了一句旁批:"除了思想之外,什么是'我'?"

现在看来,胡适大批判实际上是五六十年代一系列批判运动的一个环节,这些运动的目的是为了清除知识分子思想中所谓封建主义、资本主义(后来加上修正主义)的影响,也就是要达到杨绛所说的"洗澡"这个目的,这一系列批判运动在文革中达到了高峰。在"胡适大批判"运动中所铸造的种种批判模式,为后来的大批判运动提供了一种技术上的样板,这种技术最后在"文革"时期发挥得炉火纯青。这些批判运动的后果是不堪设想的,它不仅是"搞臭"了几个人,或斗垮了一大批知识分子,而是在文化上搞垮了一代人,甚至几代人。

---

① 参见陈漱渝:《飘零的落叶——胡适在海外》,载1991年《新文学史料》第4期。

四、胡适与现代中国的自由主义

研究自由主义,近几年在大陆学术界成为一种风气。不过,如就讨论胡适与自由主义的关系,我可以说是始作俑者。早在1990年夏天,我就撰写了一篇题为《自由主义之累——胡适思想之现代意义阐释》一文。1993年我的博士论文在上海人民出版社出版,其主题也是研究胡适的自由主义思想。1995年我又发表了《自由主义与五四传统——胡适对五四运动的历史诠释》一文,疏理了与革命话语不同的自由主义的话语及其特点。后来有一个前辈同行,对我说你那篇文章好就好在一个"累"字,它最恰当地表现了现代中国自由主义的历史境遇。

胡适是现代中国自由主义的代表性人物,这是各方面公认的事实。他因此受到其他思想流派或党派的攻击,也因此被奉为自由主义的导师或旗手,对他一生的评价、争议、毁誉的焦点也在这一问题上。大家都知道,现代中国有两位文化大师:鲁迅与胡适。在大陆,对鲁迅的评价一直很高,毛泽东对鲁迅有一段评语:"鲁迅是中国文化革命的主将,他不但是伟大的文学家,而且是伟大的思想家和伟大的革命家,鲁迅的骨头是最硬的,他没有丝毫的奴颜和媚骨,这是殖民地半殖民地人民最可宝贵的性格。鲁迅是在文化战线上,代表全民族的大多数,向着敌人冲锋陷阵的最正确、最勇敢、最坚决、最充实、最热忱的空前的民族英雄。鲁迅的方向,就是中华民族新文化的方向。"①这段话长久地被奉为经典,久而久之,人们对鲁迅产生一种崇拜感、敬畏感、神圣感,对很多历史人物的评价都以鲁迅的标准为是非。旧版《鲁迅全集》的人物(如对林语堂、梁实秋、陈源等人)注释可以印证这种情形。在这种状态下,胡适当然受到了贬斥或否定。近年来对自由主义的研究成为一种"时髦",现在人们从自由主义的角度来讨论这两个人物,胡适是一个具有典型意义的自由主义者,这是毫无疑问的,而鲁迅是否可冠之于自由主义也成为一个值得讨论的问题了。周策纵先生曾经提到当年胡适亲口对他说:"鲁迅基本上是个自由主义者。"②在胡适晚年所作的《中国的文艺复兴》那篇演讲中,胡适提到鲁迅的地方,我们也不难找到这样的佐证。鲁迅富有个性,热爱自由,但热爱自由者能不能与自由主义划等号,这又是另一回事。有人检索了电子版的《鲁迅全集》,发现鲁迅的著作中几乎从不正面讨论"民主",鲁迅甚至根本就不重视这个概念。2001年第5期《书屋》刊登了李慎之先生的一篇文章——《回归五四,学习民主——给舒芜谈鲁迅、胡适和启蒙的信》,文中说:"鲁迅和胡适的身世背景,其实可以说是差不多的,他们在近代史上初露头角的时候更是如此。他们最大的不同也许在于:鲁迅是明治维新后建立了极不成熟的'民主制度'的日本留学生,他在那里接受的现代化思想天然是有缺陷的,后来又接

---

① 毛泽东:《新民主主义论》,收入《毛泽东选集》第2卷,北京:人民出版社1969年版,第658页。
② 周策纵:《序:五四思潮得失论》,收入张忠栋著《胡适五论》,台北:允晨文化实业股份有限公司1987年版。

受了半西方半东方的俄国的社会革命思想。而胡适则是在被马克思称作'天生的现代国家'的美国的留学生,又一贯关心政治和法律,因此他天然地站在历史的制高点上。"在政治思想上,李文对鲁迅和胡适的比较与传统的观点迥然有别,李先生的观点一石激起千层浪,引起了很大的争议。从李文的观点,我们可以看到现在又有另一种倾向,就是以胡适作为标准来讨论鲁迅了。这是一个很大的变化。是不是有必要这么做,或者说在鲁迅与胡适之间,我们必须要非此即彼,学术界有各种议论。我个人以为胡适、鲁迅仍各有其不同的思想价值,正如他们在生前是并存的文化大师一样,在现在乃至未来,他们仍有各自不能替代的价值。

现代中国主要有三个思想流派:自由主义、保守主义和马克思主义。

中国的自由主义思想经历了一个发展过程。中国最早宣传自由意识的思想家,首推严复。他的维新思想中一个最重要的看法就是主张"以自由为体,以民主为用"。他认为中西方之间的根本区别和中国现代化改革不能成功,在于"自由与不自由之异"。严复翻译了穆勒的《论自由》(*On Liberty*)这部书,这可以说是近代中国第一部介绍西方有关自由观念的译著。为了避免人们对自由产生不必要的误解,严复特意将书名译成《群己权界论》。并特别辟用"自繇"一词对译英文 Liberty。严复在该书之《译凡例》中说:

> 中文自繇,常含放诞、恣睢、无忌惮诸劣义。然此自是后起附属之诂,与初义无涉。初义但云不为外物拘牵而已,无胜义亦无劣义也。夫人而

自繇,固不必须以为恶,即欲为善,亦须自繇。……但自入群而后,我自繇者人亦自繇,使无限制约束,便入强权世界,而相冲突。故曰人得而自繇,而必以他人之自繇为界,此则《大学》絜矩之道,群子所恃以平天下者矣。穆勒此书,即为人分别何者必宜自繇,何者不可自繇也。①

从个人与社会的关系这一角度来把握"自由"应有的含义,这是严复正确理解西方自由主义的贡献所在,也是他对穆勒《论自由》一书精意最恰当的解释。

严复思想中另一个重要主张就是渐进——循序渐进。1905年春,严复与孙中山在伦敦相会,他俩有一段对话,颇能反映力持革命的中山先生与主张渐进的严复之间的思想分歧和各自所持的理据,严复说,以中国民品之劣,民智之卑,即行改革,害之除于甲者将见于乙,泯于丙者将发之于丁。为今之计,惟急从教育上着手,庶几逐渐更新乎!中山先生回答说:"俟河之清,人寿几何?君为思想家,鄙人乃执行家也。"②一个注重从教育改革入手,自然需要时间的积累;一个以为时不我待,只争朝夕。这是渐进论者与革命论者对形势把握的不同所在。

严复思想中的这两大内容:一是自由,一是渐进,可以说是中国自由主义思想的雏形。后来的新文化运动健将,如陈独秀、胡适、鲁迅,在谈到自己的早年思想经历,都无不承认严复的思想对他们的启蒙作用。

---

① 严复:《〈群己权界论〉译凡例》,收入王栻主编:《严复集》第1册,北京:中华书局1986年1月版,第132页。
② 参见严璩:《侯官严先生年谱》,收入王栻主编:《严复集》第5册,北京:中华书局1986年1月版,第1550页。

蔡元培是中国教育现代化的主要推动者,也是五四新文化运动的保护人。在近代中国,他是少有的几个受到国共两党,包括今天海峡两岸都推崇的历史人物。他的教育改革来自于他的自由主义教育哲学。蔡元培先生有两大事功,一是整顿北大;一是建立中研院,这两者为中国教育、科学的现代化树立了样板。蔡先生整顿北大的办法之一就是提出"思想自由"、"兼容并包"、"教育独立"的办学方针。在这种办学思想指导之下,蔡元培为北大建立了一个超越于现实黑暗政治和复杂社会环境的新天地,一个相对纯净、独立的学术天地和思想摇篮。蔡元培本人也因此成为"兼容并蓄"、"百家争鸣"、"学术自由"的象征。

蔡元培之后,胡适就是理所当然的自由主义精神领袖。蔡先生逝世时,许多人都期盼胡适能回国接替中研院院长的空缺,一向少言寡语的陈寅恪甚至公开表示去重庆参加中研院评议会会议,就是为了投胡适一票。陈先生的意见是,如果要找一个搞文科的人继任,则应为胡适之。他说,胡适之对于中国的几部古典小说的研究和考证的文章,在国外的学术界是很有影响的[①]。这说明当时胡适在学人心目中的份量,他已经成为中国知识分子的重心所在。

胡适是中国自由主义思想的集大成者。他一生坚持不变,甚至愈老弥坚,所坚持的就是自由主义。五四时期,他就极力提倡个人主义,或称健全的个人主义精

---

① 参见邓广铭:《在纪念陈寅恪教授国际学术讨论会闭幕式上的发言》,收入《纪念陈寅恪教授国际学术讨论会文集》,广州:中山大学出版社1989年版,第36页。

神。他认为"自由独立的国家不是一群奴才建造得起来的"。胡适向人们推荐易卜生的一个剧本——《国民公敌》,剧中的主人公是斯铎曼先生,他因揭露本地的黑幕,而被全社会的人视为"国民公敌",但他仍大胆的宣言"世上最强有力的人就是那最孤立的人"①!胡适常喜用一句充满个性力量的话来勉励他的朋友们:"狮子与虎永远是独来独往,只有狐狸与狗才成群结队。"②

在思想方法方面,胡适是一个实验主义者。他提倡怀疑,反对盲从。在五四时期,他主张以"重新估定一切价值"的态度对待一切历史问题和文化遗产。面对五光十色的各种主义和思潮,他提醒人们:"一切主义,一切学理,都该研究,但是只可以认作一些假设的见解,不可认作天经地义的信条;只可认作参考印证的材料,不可奉为金科玉律的宗教;只可用作启发心思的工具,切不可用作蒙蔽聪明,停止思想的绝对真理。"③"我要教人一个思想学问的方法。我要教人疑而后信,考而后信,有充分证据而后信"④。对于经自己认定的真理,胡适强调独立精神和责任伦理,"说逆耳之言,说群众不爱听的话,说负责任的话,那才需要道德

---

① 胡适:《介绍我自己的思想》,收入《胡适文集》第5册,第511页。

② 梁实秋:《〈新月〉前后》,收入《梁实秋文学回忆录》,长沙:岳麓书社1989年1月版,第125页。

③ 《三论问题与主义》,《胡适文存》卷二,收入《胡适文集》第2册,北京大学出版社1998年11月版,第273页。

④ 胡适:《庐山游记》,《胡适文存三集》卷二,《胡适文集》第3册,第152页。

上的勇气"①。胡适特别反对把思想宗教化、教条化,他说:"思想切不可变成宗教,变成了宗教,就不会虚而能受了,就不思想了。我宁可保持我无力的思想,决不换取任何有力而不思想的宗教。"②

胡适运用自由主义这一思想武器,在20世纪20年代后期曾就人权问题与当政的国民党展开过公开论战。20世纪30年代前期,面临日本帝国主义咄咄逼人的威胁,他与一帮朋友曾在《独立评论》上就民主与独裁的问题展开论争,他认为民主政治在中国是可行的政治制度,力主通过民主的途径集中全国的国力和民族的智慧;而他的朋友丁文江、蒋廷黻则认为新式的独裁对整合全国的力量更为有效。

胡适自由主义思想的系统发挥是在20世纪40年代以后,而他谈论最多且比较详尽的是自由主义的政治哲学。1941年胡适在美国发表了《The Conflict of Ideologies》(《民主与极权的冲突》)英文演讲,提出民主与极权的两大本质区别:渐进的与革命的;以个人为本位的与以整体为本位的。1948年9月他又发表了题为《自由主义》的文章,他最感慨的是在近代历史上,东方国家因为没有抓住政治自由的重要性,所以始终没有走上建设民主政治的路子。他例举了各种近代民主制度均与东方人无缘,代议制是英国人的发明,成文而可以修改的宪法,是英美人的创制,无记名投票是澳洲人的发明。为了建设真正的民主政治,胡适特别

---

① 《致吴世昌》1935年11月22日,收入耿云志、欧阳哲生编:《胡适书信集》中册,北京大学出版社1996年10月版,第660页。

② 《致陈之藩》1948年3月3日,收入耿云志、欧阳哲生编:《胡适书信集》中册,第1137页。

指明自由主义的四重意义:一是自由,二是民主,三是容忍,四是和平渐进的改革①。苏联的社会主义试验曾经吸引了许多知识分子,胡适本人也曾去苏联考察过,胡适的一些朋友包括研究国际法的专家周鲠生先生,对苏联这个样板都抱有热切的希望。1940年后期,胡适特意撰写了《我们必须选择我们的方向》、《关于国际形势里的两个问题——致周鲠生先生的一封信》两文来阐述自己对苏联的不同看法,对苏联的非民主的社会制度提出批评,他预测到"战后的苏联可能是一个很可怕的侵略势力"。胡适晚年感受到在中国缺乏"容忍"的空气,所以他特别又撰写了《容忍与自由》一文(1959年3月),他提出,容忍是一切自由的根本,容忍比自由还要重要②。前几年一位研究鲁迅的专家邀约我各编一本鲁迅和胡适与他们的论敌,他所取的正标题是"一个都不宽恕",而我所用的标题则是胡适的这句话——"容忍比自由还要重要"。鲁迅与胡适的思想个性之差由这两个标题就一目了然了。

对于胡适的自由主义思想,林毓生先生以为它只是"常识性的了解","不够深切"③。他甚至批评说,胡适的思想浅薄,不如梁漱溟、鲁迅深刻。而反驳的人则认为,胡适的思想是深入浅出的"浅",不是浅薄的"浅"。但不管怎么说,胡适的思想构成了中国自由主义发展中一个非常重要的承先启后的环节。他毕竟说

---

① 《自由主义》,收入《胡适文集》第12册,第805—810页。
② 《容忍与自由》,收入《胡适文集》第11册,第823—833页。
③ 参见林毓生:《平心静气论胡适》,收入《解析胡适》,北京:社科文献出版社2000年9月版。

出了前人包括同时代人许多没有说出的东西,或者不敢说的东西;胡适利用他在文化上的特殊地位和影响力,造就了一大批自由主义的追随者,并对他们的成长提供了重要条件;胡适以最迅捷的方式将美国的主流政治思想——自由主义,传达到中国来,他对自由主义应有的基本思想做了准确、系统的阐释。这些都足以奠定他在中国自由主义史上的宗师地位。

五、胡适与美国

谈到近代以来的中外关系,19世纪,中国与欧洲的英、法、俄三国关系最重要。20世纪,中国与日本、苏俄、美国的关系最重要。至于21世纪,我们可以感受到中国与美国的关系至关重要。

研究胡适与美国的关系,是一个十分有意义的课题。胡适在美国学习、生活、工作了约二十五年时间,几乎占了他成年以后的一半时间,所以要研究胡适就必须了解胡适的这一半。过去人们对于胡适在美的情形不甚了了,最近十余年来,有关胡适在美国的材料相继抛出,包括胡适日记、来往书信,以及他与韦莲司的恋情的曝光,这给我们研究这一课题提供了诸多线索。当然要全面地探讨这一问题,我们还需许多背景材料和相关的辅助材料,这方面还需要做不少的工作。

这里,我们有必要先对胡适九次在美国的经历作一扼要的回溯。

第一次:赴美留学(1910年9月—1917年6月)。先在绮色佳(Ithaca)的康乃尔大学习农科,1912年初转入文学院。1915年9月进入哥伦比亚大学研究院,

1917年6月14日离开绮城经加拿大温哥华乘船返国。历时六年零十月。关于胡适的留学情形和经历,《胡适留学日记》有较为详尽的纪录,胡适晚年所作的英文口述自传亦有近一半的篇幅述及这段历史。他留学的康乃尔大学、哥伦比亚大学至今还保存了他的学业档案材料。

第二次:1927年月1月11日—4月12日赴美访问。此次胡适是应邀赴英国参加庚款咨询委员会的会议,于1926年7月17日离京赴欧,先取道苏联,8月上旬到达伦敦,在英、法停留五个月,于这年12月31日离英乘船去美国,1927年1月11日到达美国纽约,在美国停留三个月,经日本回国。这次美国之行,胡适补办了他的博士学位手续,在哥伦比亚大学、哈佛大学、旧金山、波特兰(Portland)等处作了多场演讲。关于他的演讲行程安排,现在保留的部分胡适日记和他给韦莲司的信函作了交待。

第三次:1933年6月底—10月7日到美、加访问。6月18日胡适从上海乘船出发,中经日本,6月底到达美国。7月12—14日,胡适应芝加哥大学贺司克讲座(Haskell Lectures)邀请到该校演讲"中国文化之趋向"(Cultural Trends in China),演讲分六讲,后结集为《中国的文艺复兴》(*The Chinese Renaissance*),由芝加哥大学出版,这是胡适的第二本英文专著。随即贺克司基金会主办了为期四天的"世界六大宗教"学术演讲会,胡适就儒教作了三次演讲:一,儒教与现代科学思想。二,儒教与社会经济问题。三,儒教的使命。8月14—28日他又出席了在加拿大班福(Banff)举行的太平洋国际学会第五届常会。10月7日从加拿大温哥华与陈衡哲同行回国。此次访问在美、加停留三个多月。

第四次:1936年7月14日由上海启程赴美国,中途在日本停留,7月29日到达旧金山。此次胡适是应邀出席在美国加州约瑟米岱(Yosemite)举行的第六次太平洋国际学会常会(8月12—29日),并发表了《中国的重建》(Reconstruction in China)为题的演讲,会议选举胡适为太平洋国际学会副主席。9月16—18日胡适代表北大、南开、中研院参加哈佛大学成立三百周年校庆活动,作了《以中国的印度化:文化借鉴的范例研究》(The Indianization of China: A Case Study in Cultural Borrowing)为题的著名演讲。随后曾在加拿大威里佩(Winnipeg)停留三天(10月下旬),11月6日离开旧金山。此行哈佛大学、南加州大学给胡适颁发了荣誉博士学位。

第五次:1937年9月26日—1946年6月5日(中间1938年7月13日—9月28日往欧洲访问)寓美。先作为国民政府的特使在美游说,1938年9月17日国民政府任命胡适为驻美大使,10月6日到馆正式上任,1942年9月8日卸任大使,随后离开华盛顿闲居纽约。1944年10月至1945年5月,胡适在哈佛大学东亚系讲授"中国思想史"一课。此次在美时间约八年零七个月(中间一度赴欧洲访问)。美国有26所大学给胡适颁发荣誉博士学位证书,它们是:哥伦比亚大学、芝加哥大学、柏令马学院、宾夕法尼亚大学、韦斯理阳大学、杜克大学、克拉克大学、卜隆大学、耶鲁大学、联合学院、加州大学、佛蒙特州大学、森林湖学院、狄克森学院、密达堡学院、达脱茅斯大学、茅第纳逊大学、纽约州立大学、俄亥俄州立大学、罗却斯德大学、奥白林书院、威斯康辛大学、妥尔陀大学、东北大学、普林斯顿大学、伯克纳尔大学。据说当时还有一些大学拟给胡适颁发荣誉博士学位,胡适因时间、精力不济而婉拒未往。这时期,胡适在全美各地的演讲次数之多,听众人数之广,在中国人中可以说是空前的,这是胡适在美国最风光的一段时期。胡适与美国朝野上下,上至总统议长,下至平民百姓,都有广泛的接触,成为美国各界均知的文化大使。由于活动频繁,以至积劳成疾,胡适患上了心脏病,因此他得以有机会与一位女看护——哈德曼夫人(Mrs Verginia Davis Hartman)建立了亲密的关系。

第六次:1949年4月21日—1958年4月4日寓居美国。1949年4月6日胡适从上海登轮赴美,21日抵达旧金山。1950年7月1日被聘任为普林斯顿大学葛斯德东方图书馆馆长,1952年6月30日终止。在这段期间,胡适两度短暂离美到台湾活动。此次在美寓居八年零八个月。胡适除了在葛斯德东方图书馆工作的那一段时间有固定的收入外,其他时间主要靠自己的演讲、稿费和积蓄维持生计。胡适在美国的这段日子可谓暗澹已极,大陆组织"胡适大批判",美国冷淡他,台湾顾不上他,这是他一生最为潦倒的时期。这期间美国只有考尔开特大学、东莱蒙研究院给胡适授予了荣誉博士学位。当时,从中国大陆去美国的各种人员颇多,一时形成新的移民热。胡适的一些朋友为自己的生计、出路着想,亦纷纷设法加入美国籍,胡适当时没有往这方面打算,这也反映出他的中国情怀。

第七次:1958年6月18日—11月3日访问美国旧金山、纽约、华盛顿等地。9月5日在华盛顿主持中华教育文化基金会董事会第29次会议,10月1日曾在纽约召集"中研院"院士谈话。

第八次:1957年7月4日—10月12日访问美国。其中7月4日至8月1日应邀访问夏威夷大学,参加第三次"东西方哲学讨论会",提交论文《中国哲学里的科学精神与方法》,接受夏威夷大学所颁发的荣誉博士学位证书。随后去纽约活动。

第九次:1960年7月9日—10月18日赴美国参加中美学术合作会议(Sino-American Conference on Intellectual Cooperation)。7月10日在西雅图华盛顿大学举行的"中美学术合作会议"开幕典礼上作题为"中国传统与将来"的著名演讲。此次在美停留三个月零十天。前一年,胡适曾获夏威夷大学所颁荣誉博士学位证书。

实际上,胡适一生出国也就是这九次。其中第二次,胡适的朋友李大钊曾劝他在访问英、法以后,仍取道苏联返国,没想到胡适还是"往西走",经美国返回。在胡适九次旅美之行中,有三次时间较长,其中第一次是留美,为胡适学业成长最重要的阶段。第五次是担负国民政府的外交使命,胡适因此成为全美最有声誉、最具影响力,也是美国人最看好的中国人。第六次胡适居美时间虽长,却无所作为,这也是他打定主意去台湾的原因之一。

关于胡适在美国居留的时间,过去说法不一,现在我们根据各种资料可以获得精确的日期。胡适在美的时间大约是二十五年,这个时间是以胡适到达美国的时间为准。胡适去美九次,除了第六次回台、第七、八、九次往返美台是乘坐飞机外,其他五次半均是乘船。坐船花费时间较长,每趟短的半个月,长的如包括在日本或其他地区停留的时间,大概就需一二个月了,所以有人说,胡适在美是26年,其中的差别即在这里。

胡适在美时间虽长,但如仅以时间的长短比较,并不乏更长者,与他关系密切的赵元任在美的时间就比他长。但是,胡适在中美文化交流史上的地位,则是首屈一指。大家都知道,谈到古代中印文化交流,人们会首先想到玄奘。说到中日文化交流,人们自然会想起鉴真。如果我们今天要谈论中美文化交流的历史,则胡适不能不置于最显赫的地位。

我之所以说胡适在中美文化交流史上是一个非常重要的人物,主要基于三个理由:

第一,胡适是20世纪中国知识分子中比较客观地评价美国文化的一个代表。由于历史的、地理的、民族心理的各种复杂原因,中国人对于美国文化缺乏全面的认识,因此也就很难对之做出客观的评价。普通民众对美国文化的排拒意识甚强,这与19世纪西方国家(包括美国)与中国的军事冲突在民意中造成的创伤的确有很大关系,因此一般民意很容易把理解西方国家的对外政策与认识其社会制度当成一回事,这是一个误区。胡适根据自己的亲身体会和观察,对美国社会、文化和政治,向中国公众作了比较客观的说明和宣传。

胡适作品中以介绍"美国经验"为主题的有:《易卜生主义》(1918年5月16日)、《美国的妇人》(1919年4月)、《实验主义》(1919年4月)、《杜威先生与中国》(1921年7月10日)、《五十年来之世界哲学》(1922年9月)、《请大家来照镜子》(1928年6月24日)、《漫游的感想》(1930年3月10日)、《The Political Philosophy of Instrumentalism》(《工具主义的政治哲学》,1940年)、《Instrumentalism as a Political Concept》（《作为一种政治哲学的工具主义》,1941年)、《The Conflict of Ideologies》（《意识形态的冲突》（或译为《民主与极权的冲突》,1941年)、《两种根本不同的政党》、《五十年来的美国》(1953年1月5日讲演)、《美国的民主制度》(1954年3月17日讲演)、《Introduction to John Leighton Stuart's in China》（《〈司徒雷登回忆录〉导言》,1954年)、《美国大学教育的革新者吉尔曼的贡献》(1954年3月26日讲演)、《述艾森豪总统的两个故事给蒋总统祝寿》(1956年10月21日)、《美国选举的结果及其对参议院的影响》(1958年12月25日讲演)、《纪念林肯的新意义》(1959年1月29日讲演)、《记美国医学教育与大学教育的改造者弗勒斯纳先生》(1959年11月9日)、《美国如何成为世界学府》(1959年12月19日讲演)、《终身做科学实验的爱迪生》(1960年2月11日讲演)、《读程天放先生的〈美国论〉后记》(1960年4月16日)等。至于间接提到,或有所涉及的作品则更多。胡适极力介绍的"美国经验"主要有实验主义思想方法、个人主义的人生态度、民主政治制度和国际化的文化观,这些可以说是美国文化的精华。这在一个反美情绪比较浓厚的年代,是比较难得的。胡适的这些作品通俗而富于说服力,对中国人民了解美国文化、政治及其社会产生了一定的影响,是现代中国人据以了解"美国经验"的主要材料①。

---

① 有关胡适介绍美国文化的情形,参见拙作:《胡适与中美文化交流》,收入《新文化的传统——五四人物与思想研究》,广州:广东人民出版社2005年4月版。

第二，胡适主张积极发展中美关系，以此来牵制对中国具有威胁的日本和苏联。

20世纪上半期，苏俄与美国的注意力在欧洲，无暇顾及亚洲，日本看准了这一点，大胆地实行其独霸东亚的战略。民国初年，日本以支持袁世凯复辟帝制为诱饵，提出了灭亡中国的"二十一条"。20世纪30年代以后，趁欧洲战云密布之时，又有步骤地入侵中国东北、华北，直至发动全面侵华战争。胡适对日本的侵略野心早有洞察，在留美时期即告诫国人"中国之大患在于日本"。日本发动全面侵华战争后，胡适暂时放弃自己的学术研究，受命赴美欧做外交和宣传工作。当时美国朝野上下弥漫着孤立主义的气氛，为推动美国支持中国抗战，胡适到处宣传演讲，上下活动，以致日本方面感到在对美外交上无法与他匹敌。珍珠港事件发生后，美国决定对日宣战，罗斯福总统在发表对日宣战的声明以前，首先将这一决定告诉了胡适。

第二次世界大战以日本战败投降而收场，很快又出现了冷战降临的格局，苏、美的战略重点虽仍在欧洲，但都没有放弃对其侧翼——亚洲的争夺，苏联成功地策划了外蒙古"独立"，并将其置于"卫星国"的境地，直接屯兵中蒙边境，在东方建立了一道永久安全屏障。在20世纪60年代末中苏关系紧张之时，驻扎外蒙的苏联摩托化部队只需几个小时就可兵临北京城下，这对中国自然构成了极大的威胁。胡适比较早地就清醒认识到苏联的侵华野心，1935年8月他就写下了《苏联革命外交史上的又一页及其教训》，1948年他又曾就苏联的对华政策与周鲠生等人有过一番辩驳。遗憾的是，苏联的大国沙文主义面目直到20世纪60

年代才被国人彻底看清,毛泽东、周恩来在20世纪70年代重启中美关系大门,实质上仍是为了达到"远交近攻"、牵制"北极熊"的目的。

第三,胡适极力向美国公众宣传中国文化,并积极为之辩护,这也可以说是他难得也很可爱的一面。美国公众对中国并不甚了解,对中国人的看法,对中国文化的理解,同样存在这样、那样的误解,甚至有妖魔化的现象,耐心地向美国人解释中国文化和中华民族赖以生存的生活方式,成为胡适英文作品和演讲中的一个主题。在中文作品中,我们可以看到胡适激烈批评中国传统文化及其价值观念的言词;而在英文作品中,我们可以看到胡适的另一面,即他热爱中华文化,为中国文化历史辩护的一面,胡适从不在欧美人士面前批评中国,这是他在国外持守的一个原则。在文化上,胡适扮演的是双重角色:对中国人讲西方文化,对西方人讲中国文化。

考察胡适在美的生活过程,我们可以发现:与其他旅美的中国学人相比,胡适有其个人的独特之处。胡适是一个兼济多重角色的学者,一般中国学人在美的活动主要以写作、教书或科研为主,这是一种职业化很强的工作。胡适除了这种职业化的活动以外,还有其他大量的社会活动,他的演讲活动之多,简直令人难以置信。胡适在美国获得了一定的知名度,进入了所谓公众人物的行列。胡适的活动范围不同于一般的学者,也非一般的政客、外交家所能比。他既与美国学术界有着密切的联系,也与美国其他方面包括政界、财界有着广泛的联系,他基本上溶入了美国主流社会,并能对其产生一定的影响力。胡适一生获得35个荣誉博士学位，其中31个是美国高等学院颁发，这也说明美国知识界对胡适的普遍承认和高度评价。胡适在中美之间扮演着双重角色。一方面，胡适在中国被视为美国文化的主要代言人，他不仅大力宣传"美国经验"，且直接参与决策中美关系；一方面，胡适是美国公众社会比较信任的中国朋友，他可以发挥其专业特长向美国人民宣传中国文化，并对说服美国支持中国抗战，促进中美两国人民的友好往来施展自己的影响力。第二次世界大战后，大批中国人进入美国社会，胡适的儿子胡祖望亦定居美国，胡适与这一中国移民群体保持着密切的关系，且成为他们心仪的精神偶像，胡适在中美文化交流史上的这一地位和作用，构成他多姿多彩一生中的一个侧面，也是中美关系史上值得回忆的一个篇章。

第二章

重新发现胡适
——胡适档案文献的发掘、整理与利用

任何历史课题的研究都有赖于史料的发现、公布与整理,历史研究的推进与对史料的发掘密不可分。王国维先生曾经在《最近二三十年中国新发见之学问》这篇文章的开首就提到,"古来新学问起,大都由于新发见"[①]。这里所指"新发见",即是指的新材料。20世纪中国历史学的发展,其中最重要的成果即是历史新材料的发现,著名的四大发现即殷墟甲

---

① 王国维:《最近二三十年中国新发见之学问》,收入《王国维文集》第4卷,北京:中国文史出版社1997年5月版,第33页。

骨文的发掘、居延汉简的出土、敦煌藏经洞文物材料的利用、明清大内档案的公布。这些材料的公布,对中国古代史研究具有巨大的推动作用。胡适研究也是如此,胡适的档案材料和各种相关文献资料的整理、公布,对于胡适研究也是一个强大的动力。只有从这个角度来审视胡适研究的进展,才真正具有学术的意义和价值。

我从事胡适研究,前后已有20年时间,我研究胡适的过程,可以说也就是发掘胡适材料、整理胡适文献的过程。故讨论"胡适档案文献的发掘、整理与利用"这样一个题目,也是想让大家与我一起分享搜集、整理胡适材料的苦衷与乐趣。1986年九十月我为写作硕士论文,去安徽绩溪、上海、北京查找有关材料,最大的收获是搜得胡适在《竞业旬报》、《留美学生年报》、《留美学生季报》等刊的材料,这些材料后来均结集汇编于北大版的《胡适文集》第9册《早年文存》中。1994年11月我应邀去台北访问,第一次踏进胡适纪念馆的大门,在该馆馆长陶英惠先生的帮助下,得以接触胡适纪念馆的档案材料,也是在那一次访问中,我接触到一些胡适先生的生前好友、学生和海峡对岸的胡适研究同行牟宗三先生、刘绍唐先生、傅安明先生、苏雪林女士、李敖先生、杨日旭先生等等,他们各自与我交流了与胡适直接接触的印象。如今这些人中,有好几位已经去世。利用自己多年收集、积存的一些材料,我与耿云志先生合作编辑了三卷本的《胡适书信集》。1997—1998年我在启动编辑《胡适文集》的工作时,又接触到北大图书馆、档案馆所独家收藏的胡适书籍、各种著作版本和一些档案资料、老照片,这些资料尽现于我编辑的北大出版社1998年出版的《胡适文集》(12

册)中。1999年12月,我第三次应邀访台,当时台湾正在热火朝天地展开"总统竞选"活动,而我却一头扎进胡适纪念馆遍查该馆的馆藏,当时协助我查找资料的万丽娟小姐,不过几年,她以花容月貌般的年龄辞别人世,而陶英惠先生慷慨相赠我的一套《胡适之先生年谱长编》(油印本),可能是大陆学人唯一的存货。2002年2月,我利用在美国访学的机会,去哥伦比亚大学档案馆查阅胡适的档案,在那次查找资料中,我大有斩获,几乎复印了哥大档案馆所有与胡适相关的材料,这些材料似从未被人采用,我已利用其中的部分材料写作了《胡适与哥伦比亚大学》这篇论文。去哥大的一个重要目的是为了查找胡适在哥大学习的成绩表,从而获取他1917年为什么未拿博士学位的直接证据,而哥大方面以事涉个人私密为由,拒绝了我的要求。2002年4月,我利用去华盛顿参加美国亚洲学会年会的机会,拜访了胡适的长子胡祖望先生一家,老人家向我展示了他家保存的胡适日记、书信、照片资料等,令人遗憾的是,如今他老人家也于2005年3月去世。我可能是胡适研究这个学者群中,有幸接触胡适原始档案文献较多的几位学者之一。挖掘历史档案材料,抢救现场历史纪录(口述史学),成为我从事这项研究工作的一个主要内容。

胡适生前谈及历史研究时,有一句名言:"历史的考据是用证据来考定过去的事实。史学家用证据考定事实的有无、真伪、是非,与侦探访案,法官断狱,责任的严重相同,方法的谨严也应该相同。"①把历史考证

---

① 胡适:《考据学的责任与方法》,收入《胡适文集》第10册,第193页。

比喻成侦探访案、法官断狱,这是胡适的一大发明。现在我们以这种方式来看待胡适研究,以侦探访案的精神搜寻胡适的"证据"和材料。胡适可谓一个"大案",有关他的材料散落在世界各地,所以对他的"侦破"需要各个地域的研究工作者的鼎力配合才可成功。

胡适生前刊行的主要是一些经他本人编辑或订正的著作。他还有许多不成熟的手稿、私人往来书信、个人的日记和一些档案文献材料,因当时不便于公布或刊行,都暂时未予出版。胡适去世以后,这些材料才陆续得以整理出版,其方式或直接影印,或经人编辑。胡适档案文献材料的整理、出版,按区域划分,主要在三个地方进行:中国大陆、台北、美国。下面我就以这三地为单元,分别介绍他们整理、编辑、出版胡适的档案文献情况,俾海内外学人研究参考。

一、中国大陆胡适档案 文献整理、出版情况

胡适作为一个20世纪中国文化巨人,生前即享有盛名,其刊行的著作在市面上颇为畅销,拥有大量的读者群。如《胡适文存》四集、《尝试集》、《中国哲学史大纲》(后改名《中国古代哲学史》)、《白话文学史》、《短篇小说》(二集)、《胡适留学日记》都是当时最具影响力,也最为畅销的著作,一版再版,有的多达十余版。除了正版以外,盗版也随之而起。1980年,上海书店就曾根据大连实业印书馆1942年印行的《中国章回小说考证》影印该书,该书即为坊间流行的一本盗版书,该书版权页署出版时间"1942年(昭和17年)",收

有胡适所作中国古典章回小说考证八篇,从出版时间、出版地点都可看出显系他人编印,以牟取暴利,此书出版后第二年就再版了,北大现存有1943年版。以当时的情形可以断定,胡适绝不可能将自己的著作授权于这样一个具有日伪色彩的出版社出版。此书重印不只发生一次,1999年9月某家出版社出版了一套《胡适精品集》(18种),其中又选有一本《中国章回小说考证》。事隔四五十年后,出版社对此不严加鉴别,作为"精品"收入,可谓鱼龙混珠。亦可见当年盗编、盗印者的高明,不是凡辈所为。当然这种情形只是个案,大多数盗版书印制粗劣,错讹甚多。20世纪50年代香港市面上曾出现过一些盗版的《胡适文存》,编校甚差,错字甚多,胡适看到这些书,大为恼怒,但又无可奈何。许多名家名作都免不了这样的遭遇,自古即是如此。

除了已刊的著作外,胡适还有自己保存的私人档案,他离开大陆以前的档案主要存放在他北平的住处——东厂胡同一号。1948年12月16日胡适在北平南苑机场匆匆搭乘飞机离开北平南下,同行的有陈寅恪、毛子水、刘崇鋐、钱思亮、英千里、张佛泉、袁同礼等人①。四个月后,1949年4月6日他又在上海乘船前往美国旧金山,从此他未再回大陆。他在北平的住家是北平东厂胡同一号,这是一个恐怖的地名,明代它是特务机关"东厂"所在地,民国年间大总统黎元洪曾住在此,

---

① 关于胡适离开北平的具体时间,参见胡适1960年12月19日给蒋介石的信,收入胡颂平:《胡适之先生年谱长编初稿》第6册,第2063—2064页。胡适在《影印乾隆甲戌〈脂砚斋重评石头记〉的缘起》一文中亦是采用上说,参见胡适:《影印乾隆甲戌〈脂砚斋重评石头记〉的缘起》,收入《胡适文集》第8册,第459页。

抗战胜利后被分配给北大。据胡适后来说,他离开北平时,只带了两件东西:一件是胡传遗稿的清抄本,一本是乾隆甲戌本《红楼梦》(《脂砚斋重评〈石头记〉》)①。这两件书稿后来都在台北出版,前者先以《台湾纪录两种》为名,1951 年由台湾省文献委员会印行;后又以《台湾日记与禀启》为名,分两册,收入台湾文献丛刊第 71 种,1960 年 3 月由台湾银行编辑、印行。后者则以影印本的形式,1961 年 5 月由台北商务印书馆出版。

当时胡适家里面的物品都留在北平。胡适早享盛名,自己又有"历史癖",所以他对于自己的材料非常珍惜,也懂得如何保留。他有写作日记的习惯,从进入上海澄衷学堂就开始写,直到去世时止。有人说,日记的写法有两种,一种是写给自己看的,带有独白、自传的性质,一种是写给别人看的。胡适写作日记,既是给自己保存史料,也是给别人看的,我在他儿子胡祖望先生家中亲眼看过他的日记原稿,稿本都是使用的高级日记本,显然胡适是有心把自己的日记本当做文物收存,供后人研究,他知道自己的日记必将公之于世。胡适交游甚广,朋友亦多,故通信的数量也很大,他写信给别人,很多信他都请人抄一份自己保存。假如这封信他觉得很有价值,又写得很长,他寄给某人,自己没有存一份底稿的话,他有时甚至还要求对方收到信以后把那封信再还给他②。这样做当然有点过分,也可

---

① 参见胡适:《影印乾隆甲戌〈脂砚斋重评石头记〉的缘起》,收入《胡适文集》第 8 册,第 459 页。

② 有关这方面的例子,参见《致胡汉民、廖仲恺》1920 年 1 月 9 日、1920 年 1 月 26 日信末,收入耿云志、欧阳哲生编:《胡适书信集》上册,北京:北京大学出版社 1996 年 9 月版,第 232、235 页。

见出胡适对自己的材料是何等重视。自己写的东西保留了下来,别人寄给他的书信也保留下来,日积月累,他手里保存的个人档案材料就很多,建立了很完整的私人档案。我估计他的这个私人档案库,可能是20世纪中国文化人物中最完备、规模最大的一个资料档案库。鲁迅、郭沫若等大师就现储的资料而言,还无法与胡适比。鲁迅成名晚,从他1917年发表成名作《狂人日记》,到他1936年去世,成名后只活了20年时间。郭沫若成名虽早,五四时期就出版了震动文坛的新诗集——《女神》,但他在解放前的那几十年颠沛流离,几度婚变,日子过得很苦。所以鲁、郭俩人保存的历史材料可能相对少于胡适。

这批资料留在胡适当时的住地——东厂胡同一号。他走的时候是北大校长,这些材料他曾嘱托交给北大图书馆保管。1957年6月4日他在纽约立下一份遗嘱,共八条,其中第二条交待:将存放在北平家中的102箱书籍和物品赠给北大图书馆①。这里主要有三类:一类是书籍,一类是中、英文剪报,一类是档案文献(其中主要是来往书信)和著作手稿。这些书籍和文献材料后来的去处大致是:书籍大部分仍由北大图书馆保留,少数善本书则交北京图书馆(现为国家图书馆)。剪报则仍在北大,文稿档案大部分留存在中国社会科学院近代史研究所,小部分由北大图书馆保存。2005年9月李敖来北大演讲,讲完后北大请他参观图书馆,北大知道李敖是一个"胡迷",所以给他

---

① 参见胡颂平:《胡适之先生年谱长编初稿》第10册,第3907—3908页。

办了一个胡适图书、著作手稿展览。我问主办这次展览的图书馆相关人士,拿出胡适的剪报没有?他们说没有。我告诉他们,李敖也有剪报的习惯,他常做一些剪刀加浆糊的编书工作,如果给他看胡适的剪报,他一定很高兴。

胡适私人档案为什么会出现存留在近代史所的情形呢?一种说法是胡适原住在东厂胡同一号,后来此处划归中国社科院近代史所,近代史所进驻此地即接收了胡适的这部分档案材料。一种说法是在20世纪50年代中期"胡适大批判"运动过程中,中宣部把胡适的档案材料调去审查,并整理、编辑供"胡适大批判"用的有关资料。运动过后,中宣部将这批材料拨给了近代史所。20世纪90年代北大的一些政协委员的提案要求将这些档案交还北大,结果与近代史所发生了胡适财产的争执,近代史所坚持前一种说法,北大则提出后一种说法,且举出人证,拿出了胡适的遗嘱。双方争执不下,最后还是不了了之,现在这批材料仍存放在近代史所。

最先接触胡适的这批档案材料,是在20世纪50年代"胡适大批判"时,当时个别学者在自己的文章中就已使用了胡适档案,如侯外庐先生的《揭露美帝国主义奴才胡适的反动面貌》一文,就使用了胡适私人档案中的日记、书信等材料[①]。远在大洋彼岸——美国的胡适当时亦注意到这篇文章,1955年8月31日他给杨联陞的信中谈起读完该文后的感想:

---

① 参见侯外庐:《揭露美帝国主义奴才胡适的反动面貌》,原载《新建设》1955年2月号,收入《胡适思想批判》第3辑,北京:三联书店1955年4月版,第17—82页。

> 我在国内混了二十多年,总是租房子住,故几次政治大变故,都没有房产可没收。——最后一次,竟把一生收集的一百多箱书全丢了。最近中共印出的三大册(共九百七十四页)《胡适思想批判》论文汇编,其第三册有侯外庐一文,长至七十页,其小注百余条,最使我感觉兴趣的是这类小注:
>
> (61)胡适未发表文件,自编号二·一九六〇;二·一九八二;二·一九八三。
>
> (63)胡适存件,自编号二·二〇八〇。……
>
> 大概这几年内,有人把我的一百多箱书打开了,把箱角的杂件(收到的函件,电报,……)都检出编了号,——所谓"自编号"!连我留下的两大册日记(1921—1922),以及"胡适给江冬秀函件",都赫然在侯外庐的小注里!
>
> 我很奇怪,为什么此君引的文件都属于"二",而没有"一"类?后来我猜想,大概"一"是洋文信件,侯君不能读,故不能用。
>
> 举此一事,稍示"有产"之累。可惜北京屡次大水,都浸不到东城,否则书与函件都浸坏了,也可以省一些人整理编号之烦。①

胡适这封信透露了几个重要信息:一是他从未置房产,他在北平东厂胡同的房子是北大分给他的房子,他在美国从未买过房子,后来他去台北任"中研院"院长,也是院里分给他的房子。石原皋先生在《闲话胡适》

---

① 胡适:《致杨联陞》,收入《胡适全集》第25册,第648—649页。

一书中谈到胡适的住处,说"胡适住的房子越搬家越大"①。容易给人一种胡适生活越来越奢华的感觉,实际上胡适的住房是随其地位的提高而由相关单位分配给他的住房,或者他自己租用的住房。他不置房产,所以没有房产之累。二是他并未给自己的私人档案编号,侯文中出现的"自编号"实为他人所加。三是胡适留在近代史所的私人档案确如胡适所说,当时已分为中、英文两部分。不过,胡适的考证中也有小误,他以为侯先生不懂英文,故只使用了中文部分的材料,其实侯先生早年曾在法国留过学,翻译了《资本论》。胡适对这位作为马克思主义史学家"五老"之一的生平(其他四老是郭沫若、范文澜、吕振羽、翦伯赞),看来一点都不知道。我检索了《胡适思想批判》八辑,发现只有侯先生这一篇文章引用了胡适的档案材料,其他文章都只是引用胡适已出版的《文存》或在报刊中公开发表的文章。侯外庐先生解放以后,担任过中央人民政府政务院文化教育委员会委员、北京师范大学历史系主任、北大教授、西北大学校长、中国科学院历史所副所长等职②,1954—1955年具体担任何职,是否参加"胡适思想批判讨论会工作委员会秘书处"的工作,暂不得而知,但他是有幸接触胡适私人档案的一位学者。在"胡适大批判"运动中,由"胡适思想批判讨论会工作委员会秘书处"整理了一批"胡适思想批判参考资

---

① 参见石原皋:《闲话胡适》,合肥:安徽人民出版社1985年6月版,第92页。
② 参见中国社科院历史研究所:《深切怀念侯外庐同志》,收入《侯外庐史学论文集》下册,北京:人民出版社1988年1月版,第454页。

料",一共七辑,其中"之一"是《胡适的一部分信件底稿》(1926年4月至1936年12月),内收胡适致陶行知、蔡元培等人信件23封,附苏雪林致蔡元培信一封。"之二"是《胡适在抗日战争时期的一部分日记》,"之四"是《胡适在1921年和1922年的一部分日记本》,这三辑都是取材于胡适私人档案。出版时封面有"内部参考,注意保存"字样。

另外,在《我们必须战斗》一书后面的附录中列有《有关胡适的书刊资料索引》一书,注明为中共中央宣传部图书资料室编,1954年12月出版①,它的发放范围可能相当有限,只限于干部内部使用,它大概是最早的胡适著作资料目录索引了。

因为在"胡适大批判"运动中,胡适被定性为反动文人、学者,其学术思想与成就遭到了全盘否定。许多曾与胡适有过师生关系、朋友关系的人也纷纷与胡适划清界限,销毁与胡适有关的历史资料,如来往书信、合影照片、胡适题字等,唯恐自己因与胡适的瓜葛,被人罗织罪名。1966年毛泽东发动"文革"时,为了打倒吴晗,《历史研究》曾经发表了一组批判吴晗的文章和一篇《评注吴晗、胡适通信》,作为吴晗"通敌"的罪证,这些材料就是取之于胡适私人档案②。

从1950年至1978年,中国大陆几乎没有正式出版过一本胡适的作品。在一些批判性材料里夹杂着一些胡适的文章,如20世纪70年代,由于毛主席号召读

---

① 《我们必须战斗——关于胡适思想批判及〈红楼梦〉研究问题学习资料》,中国文学艺术界联合会学习处编印,1955年2月,第274页。

② 参见《评注吴晗、胡适通信》,载《历史研究》1966年第3期。

《红楼梦》,随之出现了各种《红楼梦研究资料》,这些资料中有的就收入了胡适的《〈红楼梦〉考证》,有的则对胡适红学观点加以批判。在20世纪70年代中期评《水浒》的运动中,人民日报资料室编印了一册《反动文人胡适对〈水浒〉的考证》(1975年10月10日)等,都是将胡适作为反面教材,注明"内部资料,供批判用"。

在"文革"后期,中国社科院近代史所开始启动中华民国史的研究工作,他们所做的一项工作就是编辑一套"中华民国史资料丛稿",由中华书局出版,参加这项工作的一些学者开始接触胡适档案。1978年3月出版了"中华民国史资料丛稿"专题资料选辑第三辑《胡适任驻美大使期间往来电稿》,"编辑说明"第一条称"这里收录的是胡适出任国民党政府驻美大使期间(1938年9月—1942年9月)的往来电稿(有一小部分不重要的事务性电稿,没有收入),仅供批判研究之用。"共收493封电函。这份资料在版权页上仍标明"内部参考,注意保存"。可见,当时从事民国史研究工作仍有相当的政治忌讳或者说是政治敏感度。

1979年5月、1980年8月中华书局先后出版了《胡适来往书信选》上、中册和下册。这3册虽仍标明"内部发行",但印数并不小,上、中册印了两万册,下册印了1.4万,这是一个很不科学的印数,它意味着有6千读者买不到下册。"编辑说明":"一、胡适于1949年飞离北京时,曾留下了一批书信,本书所选的是这批书信的一部分。这一部分书信不同程度地反映了自'五四'前后直到解放以前的中国的政治、思想动态和一些历史事件的某些侧面,可以作为历史研究工作的参考资料。""二、本书正文部分收入胡适自1915

年到1948年的一部分来往书信,其中包括一部分电报和信稿、电稿;另外还收入胡适所存的一些其他书信、胡适一部分手稿和一些与书信内容有关,有参考价值的文件、手稿等等,分别编入附录一、附录二和附录三。胡适的论学书信以及其他专题书信将另行编辑,本书未予收入。曾在报刊上发表过的胡适书信,一般也未收入。""三、所选书信为保存其原来面目,均全文照录。"措词明显客观、公允,反映了中共中央十一届三中全会以后中国政治气候的变化对学术界的影响。整套书收入他人致胡适书信一千余封,胡适致他人书信一百余封。1985年1月中华书局出版了《胡适的日记》(上、下册),内收胡适1910年、1921—1922年、1937年、1944年的日记。这套日记与书信的出版稍有不同,"编辑说明二":"日记正文除个别地方略有删节外,一般均全文照录,并酌加必要的注释。"这说明日记出版时小有删节,如胡适日记的手稿本中提及马寅初先生的"性生活"一段,在整理本中就被处理了。2004年香港商务印书馆出版的何炳棣先生回忆录——《读史阅世六十年》,还保有胡适类似的话语①。

这两套书出版发行后,在海外很快产生了较大反响,1982年12月1日台北远景出版事业公司出版了《胡适秘藏书信选》(正、续编),1982年10月至1984年10月台北《传记文学》第41卷第4期至第45卷第4期连续24期刊载沈云龙先生辑注的《从遗落在大陆暨晚年书信看胡适先生的为人与治学》一文,1987年

---

① 何炳棣:《读史阅世六十年》,香港:商务印书馆2004年2月版,第332页。

2—4月台北《传记文学》第50卷第2—4期又连载了《五十年前胡适的日记》,这些台版书籍或刊文均取材于大陆版的《胡适来往书信选》、《胡适的日记》。1983年11月中华书局香港分局出版了修订版的《胡适来往书信选》(三册),1985年9月中华书局香港分局又出版了《胡适的日记》(一册),可见台港方面对这批材料的重视。

1994年12月,黄山书社以16开本的形式影印出版了《胡适遗稿及秘藏书信》,共42卷,可谓胡适私人档案的最大一次"出土"。检索其目录:第1—4册为胡适1943—1948年有关《水经注》的考证文稿或资料文稿。第5册为"一般历史考证及传记文稿"。第6—9册为"哲学史、思想史、文化史稿",其中最引人注目的有《中国哲学史大纲》卷上、卷中的手稿,《西洋哲学史大纲》的油印稿。第10—11册为"文学及文学史",内中有《中国文学史选例》(卷一、卷五、卷九)、《中国近世文学史选例》。第12册为"时论与杂文"。第13册为"札记稿"。第14—17册为胡适日记,这部分日记虽有已经整理的中华版《胡适的日记》问世,但手稿本仍可与整理本参校。第18—20册为胡适致他人信,第21—22册为胡适与其亲属间的通信,第23—42册为"他人致胡适信",这34册书信收入600余封胡适致他人书信,5400余封他人致胡适信,写信人囊括近现代中国政治、文化、教育绝大部分名人。书前有耿云志先生的长篇前言,对全书内容作了详尽介绍。此书的出版,在海内外产生了很大的震动,卖价一度高达两万多元人民币。但保存在近代史所的胡适档案中的英文书信、文稿和文件,迄今尚没有整理。中文部分有些涉及胡适私人生活的材料也未收入进去，例如2000年2月25日台北《近代中国》第147期和2002年8月《百年潮》（总第56期）刊登的耿云志先生撰写的《恋情与理性——读徐芳给胡适的信》，这篇文章所公布的1936年4月至1941年4月北大学生徐芳致胡适的30封信，就未收入该书，这些信的前29封（写于1936年4月29日至1938年5月6日），都是以"美先生"称呼胡适，落款为"爱你的人"、"爱你的芳"、"你的孩子"、"一个被你忘了的孩子"、"真心爱你的人"、"爱你的舟生"，其热恋之情跃然纸上，只有最后一信署名是"生徐芳"，算是回复到正常的师生关系。很可惜的是，我们现在只看到徐芳这一方的信，胡适那边如何回应，暂时不得而知，尽管如此，徐信也确凿证明了胡适另一段恋情的存在。

北大是胡适长期生活、工作的单位。胡适的私人档案及其书籍迄今仍有一部分存放在北大图书馆。2003年6月清华大学出版社出版了北大图书馆编辑的《北京大学图书馆藏胡适未刊书信日记》，全书分五部分：一、澄衷中学日记，二、胡适手抄徐志摩日记，三、中文书信，四、《尝试集》通信，五、英文书信。这是北大第一次公布其收藏的有关胡适材料。实际上，在此之前，收入张静庐先生所编《中国现代出版史料》（甲编）的《关于〈新青年〉问题的几封信》一文注明"原件存北京大学"①。楼宇烈先生曾整理北大图书馆收藏的胡适的有关禅宗史书籍，计有二十余种，将其中

---

① 张静庐辑注：《中国现代出版史料》甲编，北京：中华书局1954年版。

有胡适题记和眉批、校语的书籍15种辑出,共得一百三十余则,撰成《胡适禅籍题记、眉批选》一文,发表在《胡适研究丛刊》第一辑①。我所编的《胡适文集》,内中也使用了一些北大档案馆独家保存的胡适老照片、北大图书馆收藏的胡适著作书影和《〈水经注〉版本展览目录——北京大学五十周年纪念》等文。目前,北大图书馆尚未将保存胡适的书籍、中英文剪报和英文书信公开,希望能尽早向公众开放。胡适父亲胡传的文稿原本仍存放在北大图书馆善本室,其中的大部分诗文、日记亦未经整理。

为什么北大图书馆和中国社科院近代史所分别保存着胡适的档案文献材料?这对我来说,仍是一个待解的迷团。近代史所将其收藏的胡适档案以《胡适遗稿及秘藏书信》为题出版后,曾给北大赠送一部,在赠送仪式上,北大教授邓广铭先生感慨地说:这些档案如果存放在北大的话,很可能付之一炬,或者不知所终了。他的话并非危言耸听,因为北大作为一座前清时期创办的大学,经历了清、民国、中华人民共和国三朝,背负沉重的历史包袱,解放后每遇政治运动,人人自危,惟恐历史遗留问题困扰,故对过去的"问题"都抱着避之大吉的心理,希望尽可能丢弃历史包袱,如果胡适档案是从北大经中宣部,最后落户近代史所,大概也是这种扔弃历史"垃圾"的心理在发生作用。中国社科院近代史所是在新中国建立后创办的,其前任所长范文澜先生是延安马列学院出身的老革命干部,有

---

① 楼宇烈:《胡适禅籍题记、眉批选》,收入《胡适研究丛刊》第一辑,北京:北京大学出版社1995年5月版。

着红色背景,没有"出身问题"的疑虑,这也是该所建所后敢于收集、保存一些包括胡适在内的敏感的历史资料,并安然度过历次运动的一个重要原因。

胡适在大陆的生活地点除了北京以外,还有安徽、上海两处。安徽作为胡适的家乡,亦致力于整理、出版胡适的著作。然在档案文献资料整理方面,仅出版了一册《胡适家书手迹》①,内收胡适给其族叔胡近仁等人的60封信。胡适在上海居住了约十年时间(1904—1910年、1927—1930年),上海方面至今尚未见胡适原始档案文献的"出土"。

在大陆,应该还有一些机构和私人保存有胡适的材料,它们可能因为历史的原因,有的已经销毁,有的尘封深藏,有的待价而沽,这些都是我们收集胡适材料的障碍。例如,胡适与毛泽东的通信,现在仅存毛泽东给胡适的一张名信片收入《胡适遗稿及秘藏书信》(第24册),实际上毛泽东致胡适的信应不只这一封。抗战时期,胡适曾托竹垚生保存毛泽东给他的信函,但此人怕落于敌手,给自己带来祸害,就自行销毁了,这是一个无法弥补的遗憾②。

二、台湾地区有关胡适文献档案的整理、出版

台湾是胡适生活过的地方,早年他曾随父亲在此

---

① 章飚、汪福琪、洪树林、章伟编:《胡适家书手迹》,北京:东方出版社1997年3月版。

② 参见胡颂平:《胡适之先生晚年谈话录》,北京:中国友谊出版公司1993年9月版,第34页。

居住,生命的最后四年也是在这里度过的,1962年2月胡适在台北去世。随后"中研院"将胡适的住所辟为纪念馆。纪念馆集收藏、展览、整理、出版四任于一身,是目前胡适著作权的授权单位,也是台湾胡适研究的一个主要阵地。1962年冬,"中研院"成立了"胡故院长遗著编辑委员会",聘请毛子水、陈槃、屈万里、周法高、黄彰健、徐高阮、蓝乾章、胡颂平等九人为委员,由毛子水任总编辑,胡颂平为干事。先由胡颂平编辑《胡先生中文遗著目录》,袁同礼和 Eugene L. Delafield 合编《胡适西文著作目录》,均收入《中央研究院历史语言研究所集刊》第34本《故院长胡适先生纪念论文集》。胡适纪念馆成立后,开展胡适遗稿整理工作,从1966年2月起影印出版《胡适手稿》第一集,至1970年6月出到第十集止,这十集里的文字大部分未曾发表,其中前六集全是有关《水经注》的考证文字,第七集"禅宗史考证",第八集"中国早期佛教史迹考证、中国佛教制度和经籍杂考",第九集"朱子汇抄和考证、旧小说及各种杂文的考证和读书笔记",第十集"古绝句选、《尝试后集》等诗歌"。1969年4月影印出版了《中国中古思想小史》(手稿本),此书是1931年至1932年胡适在北大教书的讲义稿,曾经以《中国中古哲学小史》(油印本)由北大出版部1932年出版。冯友兰在他的批胡文章中,引用过北大出版部的油印本[①]。1971年2月影印出版了《中国中古思想史长

---

① 冯友兰:《哲学史与政治》,原载1955年《哲学研究》第1期,收入《胡适思想批判》第6辑,北京:三联书店1955年8月版,第81—98页。

编》(手稿本),此书是1930年间胡适在中国公学写成的讲义。以上三书的手稿本均为首次刊用。

1990年经胡适纪念馆授权,由台北的远流出版公司影印出版了《胡适的日记》(手稿本,18册),这是胡适日记手稿的一次集大成。遗憾的是,此部日记手稿仍在编辑上个别地方存在错排和收集并不完整的问题。例如,1926年七八月间,胡适赴欧洲访问,途经莫斯科,在此他同共产党员蔡和森、刘伯坚等有过接触,受这些人的思想影响,脑子里曾经闪现了一些比较进步的念头,在其日记中有所流露。远流版的《胡适的日记》就没有收录这一段日记,到底是遗漏,还是有意不收,这是一个疑问。后来,近代史所研究员耿云志先生去美国拿到了这部分日记的缩微胶卷,现已整理公布①。这套18卷本的《胡适的日记》,加上后来在美国、在北大发现的一些胡适日记,2004年由台北联经出版公司汇集成《胡适日记全编》(十册)出版,约四百多万字。这套日记的出版对于了解胡适本人,了解近现代中国文化学术的发展,甚至于政治的一些内幕,应该说具有很高的史料价值。余英时先生为该书所作序言《从〈日记〉看胡适的一生》,利用这部日记,对诸多问题或历史疑点做了考证和论述,其中不少新的发现。

由胡适纪念馆编,联经出版公司1998年出版的《论学谈诗二十年——胡适、杨联陞来往书札》,收入胡适致杨联陞信88封,杨联陞致胡适信117封,时间从1943年10月23日始,至1962年2月7日止。胡、

---

① 《胡适的日记》(1926年7月17日—8月20日),收入《胡适研究丛刊》第2辑,北京:中国青年出版社1996年12月版。

杨两人通信的主题如书名所示是"论学谈诗",书前余英时先生对这批书信的价值作了评介,这部书大陆已有安徽教育版。

由万丽鹃编注的《万山不许一溪奔——胡适雷震来往书信选》,2001年12月由"中研院"近代史所收入"中研院近代史所史料丛刊(47)"。该书的材料来源主要是胡适纪念馆的收藏,共得胡适、雷震来往书信147件,另有附录4件。是研究胡适与雷震关系及《自由中国》杂志的第一手资料。由于研究任务负荷过重,编辑此书的万小姐在此书出版不久即病逝,她称得上是第一个为胡学研究牺牲的学人。

此外,胡适纪念馆还出版了《神会和尚遗集》、《尝试集》、《尝试后集》、《诗选》、《词选》、《史达林策略下的中国》(中、英文对照本)、《中国新文学运动小史》、《白话文学史》、《短篇小说集》、《齐白石年谱》、《丁文江的传记》、《胡适演讲集》、《乾隆甲戌脂砚斋重评〈石头记〉》等书及墨迹照片多幅,这些作品虽大都原已出版,但纪念馆所用版本或经胡适亲自校订,或由胡适编定,故仍具有特殊的文献价值,被行家视为最权威的版本。

胡适纪念馆是台湾胡适文献收集、保存、编辑的主要机构。以个人之力编辑、整理胡适文献出力最大者,恐怕要算胡颂平先生了。胡氏曾在中国公学就读,是胡适的学生。胡适最后四年在台任"中研院"院长,他又任胡适的秘书。利用他工作的便利,他在任胡适秘书时就开始留心收集胡适的资料,以日记的形式记录胡适每天的言行。有一次胡适看见他在一个小本上"写着密密的小字",便发问:"你在写什么?"胡颂平回答道:"记先生的事情,我在此地亲自看见,亲自听到的事情,我都把它记录下来。"胡适立刻诧异起来,紧接着问:"你为什么要记我的事?"胡颂平解释说,现在先生是"国之瑰宝",我有机会在先生身旁工作,应该有心记录先生的言论,胡适听了胡颂平的解释才释然①。这段对白很有意思,一方面反映了胡颂平的细心纪录,一方面则表现了胡适对身边的这位工作人员所做的纪录有所戒备。胡适属于无党派人士,或者更准确的政治定位是无党派的民主人士,他对(国民)党组织派给他的秘书多少保有一份戒心,这是可以理解的。胡颂平以个人之力,撰写了一部《胡适之先生年谱长编初稿》(10册,联经出版公司1984年出版)。该书由作者以五年时间(1966年1月1日至1971年2月23日)编成,先以油印本(28册)征求意见,印数很小,据说只有几十部,后又根据新的材料加添份量,小做了一些修改(删去了部分书信,或隐去某些收信人姓名),最后交"联经"正式出版。全书三百多万字,是现有中国近现代人物年谱中份量最大的一部。此书之最重要的价值在于作者利用其任胡适秘书工作之便,详记胡适最后四年的工作和生活,篇幅几近全书份量的一半(第7—10册)。作为该书的一个副产品,作者仿《歌德谈话录》体例,撰写了一部《胡适之先生晚年谈话录》(联经出版公司,1984年版)。

　　台湾文化名人李敖在前期生涯中亦曾为胡适文献整理做出过贡献。李敖的父亲李鼎彝先生1920—

---

① 关于这段话的场景回忆,参见胡颂平:《胡适之先生晚年谈话录》,北京:中国友谊出版公司1993年9月版,第302—303页。

1925年在北大国文系读书,是胡适的学生。李敖在学生时代曾与胡适通信,并得到胡适的帮助。李敖主要做了三件事:第一,他编选一套《胡适选集》(13册),按内容和体裁,分门别类,1966年6月由台北文星书店出版,此套书印行估计达10万册①。由于江冬秀听信他人的挑拨,后来没有让李敖再编下去,文星版《胡适选集》也被勒令停售和发行,这可能是李敖最早遭遇的官司②。第二,他将胡适的作品,以语录体的形式,择其精华,辑为一册《胡适语粹》。这可能是最早的胡适语录了。第三,他将胡适给其好友赵元任的书信汇编成集,凡75封,题为《胡适给赵元任的信》,1970年台北萌芽出版社出版③。李敖曾经发愿要写一部十卷本的《胡适评传》,可惜现今我们看到的仍只是他在1964撰写的第一册(写到1920年为止)。与胡适这一主题相关的著作,李敖还有《胡适研究》、《胡适与我》等。在台湾的胡适研究中,李敖可谓开拓性的人物。

台湾政界要人、现任中国国民党名誉主席连战曾在美国芝加哥大学政治学专业留学,1965年他获取哲学博士学位,其博士毕业论文为《共产党中国对胡适思想的批判》(*The Criticism of Hu-Shih's thought in Com-*

---

① 《胡适选集》亦李敖选编,参见李敖:《"千秋万岁名,寂寞身后事"》,收入《胡适与我》,《李敖大全集》第18册,北京:中国友谊出版公司1999年1月版,第105—106页。

② 关于《胡适选集》出版争议一案,参见李敖:《"千秋万岁名,寂寞身后事"》、《一贯作业搜奇》,收入《胡适与我》,《李敖大全集》第18册,北京:中国友谊出版公司1999年1月版,第106—118、119—132页。

③ 该书署名"蒋光华"主编,李敖自曝他是《胡适给赵元任的信》的编者,参见李敖:《我与胡适》自序,收入《李敖大全集》第18册,北京:中国友谊出版公司1999年1月版,第5页。

munist China）。《美国中国学手册》所载《华人在美中国研究博士论文题录（1945—1987）》收录此条时，误译 Lien, Chan 为"连常（音）"①，一字之差，遮蔽了连战这一要角。

三、美国有关胡适档案文献的整理、出版

胡适曾九次赴美国，在美国生活、学习、工作了25年，占其成年后一半的时间。这里有他留学过的两所大学：康乃尔大学、哥伦比亚大学（1910—1917年），有他担任过驻美大使的工作所在地——华盛顿双橡园（1938—1942年），有他曾讲学过的包括哈佛大学、哥伦比亚大学在内的多所大学，有他的长子胡祖望及其家人，有已知的他的三位美国情人：韦莲司（Edith Clifford Williams）、哈德曼夫人（Mrs Virginia Davis Hartman）和罗维兹（Robby Lowitz），有他的各界美国朋友。我常说，要了解胡适，就必须了解胡适的这一半；要研究胡适，也必须研究胡适与美国的关系。

在美国为胡适档案文献史料整理做出重要贡献的学者有四位美籍华裔学者。

第一位是袁同礼先生。袁先生是北大国文系毕业的学生，担任过北大图书馆馆长、美国国会图书馆中文部主任等职，与胡适关系深厚，1948年12月16日与胡适同机南下。他与一个名叫 Eugene L. Delafield 的

---

① 参见《美国中国学手册》（增订本），北京：中国社会科学出版社1993年9月版，第685页。

美国人合编的《胡适西文著作目录》是第一份胡适西文著作目录索引①,有了这份索引,研究者即可按图索骥,查找有关胡适的英文著作。可以说,它为我们展示了胡适的英文著作世界。顺便交待一句,Eugene L. Delafield,据与他有过直接接触的周质平先生说,他也是一位"胡迷",原是一位善本书商,20世纪40年代曾与胡适同住在纽约81街104号的公寓大楼里,从此与胡适相识,并从那时起开始收集胡适发表在美国英文报刊上的文章、演讲,胡适知道他有此兴趣,也常将他的英文文章或讲演稿寄给他,他的这一业余爱好一直保持到他2001年去世,去世前还曾与另一位胡适英文作品收集者周质平先生晤面,并给周以极大帮助②。

第二位是唐德刚先生。唐先生是安徽人,是哥大毕业的博士,兼具有与胡适两重关系背景:同乡、校友,与胡适亦有着深厚的交往。1957年哥大东亚研究所成立中国口述历史部,唐先生被聘为工作人员,他被分配采访的对象之一就有胡适。对这段工作唐先生常常抱怨说,当年与他同一办公室的还有一位夏连荫小姐,是商务印书馆夏老板的千金。分配给夏的采访对象是陈立夫、宋子文、孔祥熙这几位显赫的达官显贵,而分给他的则是胡适、张发奎、李宗仁这样一些相对边缘的人物,但事后分配与夏小姐合作的采访对象又无不抱怨夏小姐的工作能力和工作态度。唐先生与胡适合作撰写了《胡适口述自传》(英文稿),此英文稿原件

---

① 收入1956年12月《中研院史语所集刊》第28本、1963年12月《中研院史语所集刊》第34本。

② 参见周质平:《胡适未刊英文遗稿整理出版说明》,收入《胡适未刊英文遗稿》,台北:联经出版公司2001年版。

至今收存于哥大图书馆，20世纪70年代唐先生将其译成中文，并在文后加注，1977年8月至1978年7月台北《传记文学》将其中译文连载，1981年2月传记文学出版社又出版了《胡适口述自传》的单行本。此书内容侧重于介绍胡适的学术思想，可谓胡适的学术思想自传，对于胡适的个人私生活、胡适与国、共两党的关系、胡适的政治思想等敏感问题几乎没有涉及，它对研究胡适的学术世界有着重要的史料价值。常常有学生问我如要研究胡适，最好的入门著作看哪一部？我个人喜欢推荐的是《胡适口述自传》，我以为阅读胡适这部"夫子之道"的自传，是我们最真切、最直接了解他的思想及其学术成就的捷径。此外，唐先生还撰写了一部《胡适杂忆》，以其亲见亲闻，绘声绘色地回忆了他与胡适的交往，及根据他的接触对胡适的为人处世、中西学问做了精彩的议论，亦是研究胡适必读的一本重要参考书。

　　第三位是周质平先生。他是普林斯顿大学东亚系教授，致力于研究胡适已有20载，是这一领域的活跃一员。他对胡适文献的整理主要有两大贡献：一是收集、整理、汇编胡适英文作品，1995年5月台北远流出版公司出版了他主编的一套《胡适英文文存》（三卷），收入1912—1961年间的胡适英文作品147篇，1589页，这是第一次大规模地出版胡适英文作品。2001年台北联经出版公司继续出版了周先生编的《胡适未刊英文遗稿》，收入1914—1959年间胡适英文作品66篇，672页。过去我们研究胡适，基本上是只接触他的中文作品，他在美国发表的英文作品很少见人引用。现在周先生把胡适的英文作品整理出来，为人们研究胡适的英文世界提供了方便。通过这些英文作品,我们可以发现,胡适用英文写作出来的作品和他用中文写作出来的著作有所不同,或者说有时候他的视角有所调整,他一反在国内激烈批评中国文化的态度,在英文文章里,对中国文化给予了更多的赞美之词,如对包办婚姻的态度,在国内胡适批评这是一种不人道行为,在美国他则为这种生活方式辩护,说包办婚姻可以节省时间,省去恋爱的烦恼①。对中国人讲西方文化,对西方人讲中国文化,这是胡适兼具的两重角色。所以这些胡适英文作品的公布,其价值不可低估,它可以帮助我们了解胡适文化世界的另一半。周先生的另一项学术工作,就是研究胡适的感情世界,具体来说,就是根据新发掘的胡适与他的两位美国恋人——韦莲司和罗维兹的来往书信,研究他们之间的情恋关系。胡适与这两位美国女友的往来书信,原存在北京中国社科院近代史所、北大和台北胡适纪念馆,但是因为原稿是英文稿,而且是手写稿,很难辨认,周先生很下了一番功夫把这一批英文书信整理出来——《不思量自难忘——胡适给韦莲司的信》,内收胡适给韦莲司的信175封。过去我们以为与胡适通信最多的是王重民、杨联陞,看了这些信,才知道是这位红颜知己。周先生根据他掌握的这批材料,撰写了一本著作——《胡适与韦莲司:深情五十年》。对于他俩之间的关系,过去人们只能从胡适留学日记中间依稀看到一些片段,很多

---

① 有关对胡适英文作品的分析,参见周质平:《胡适英文笔下的中国文化》,收入周质平编:《胡适未刊英文遗稿》,台北:联经出版事业公司2001年12月版,第xiii—xlii页。

学者根据这些片段的纪录来猜测胡适与韦莲司之间的关系。是一般朋友关系？还是比朋友更深一层的关系？这一直是一个谜。如唐德刚先生以为是胡适在追求这位美国小姐，而夏志清先生认为是这位美国小姐在追求胡适，学者们都只能根据一些不着边际的材料加以猜测、想象①。这些书信的整理和出版，对于人们了解他们之间的关系，可以说是一清二楚了。胡适的另外一位美国女友——罗维兹，最先为余英时在他为联经版《胡适日记全编》所撰写的序言中所考证，引起了海内外的震动，因为此人曾任杜威的女秘书，后来又成了杜威续弦的太太。她在担任杜威秘书期间，曾与胡适发生了情恋关系，余先生是根据胡适日记所露出的蛛丝马迹考证出这一关系的存在。而周先生是根据美国南伊利诺依大学杜威研究中心2001年新公布的电子版《杜威书信集》第二册(1919—1939年)，其中收有五十余封胡适给罗维兹的信，至于罗维兹给胡适的信，则在近代史所发现了四封，在《北京大学图书馆藏胡适未刊书信日记》中有一封，台北胡适纪念馆保存有两封，周先生根据这些材料，与陈毓贤合作撰写了《多少贞江旧事——胡适与罗维兹关系索隐》一文，此

---

① 有关胡适与韦莲司的关系，在周质平之前，曾有徐高阮、唐德刚、夏志清、藤井省三等人的文章予以讨论，参见徐高阮：《关于胡适给韦莲司女士的两封信》，收入《胡适和一个思想的趋向》，台北：地平线出版社1979年版，第29—41页。夏志清：《夏志清先生序》，收入唐德刚：《胡适杂忆》和唐德刚：《胡适杂忆》"较好的一半"中有关韦莲司的一节，两文均收入唐德刚：《胡适杂忆》，台北：传记文学出版社1980年版。〔日本〕藤井省三著：《纽约的达达派女性——胡适的恋人E.G.韦莲司的生平》，刘方译，载《胡适研究丛刊》第三辑，北京：中国青年出版社1998年8月版，第282—300页。

文分三期连载于《万象》杂志①,对胡适与罗维兹的情恋关系做了最大的曝光。

第四位是周谷先生。他编著的《胡适、叶公超使美外交文件手稿》一书,2001年12月台北联经出版公司出版。周先生曾长期供职于"中华民国"驻美大使馆,现早已退休,住在华盛顿,他曾利用工作之余,广泛收集美国各大报刊有关中国的报道,辑成剪报数册,称得上是研究中美关系的专家。他编辑的《胡适、叶公超使美外交文件手稿》,其中第一篇"胡适战时外交文件手稿",收入来去电文102件,内含胡适亲拟去电电文48件,均为未刊电稿,具有很高的史料价值。

美国作为胡适多年居住之地,在材料方面应还有一定的挖掘空间。由于它对研究者有特定的语言技能方面的要求,故一般研究者不容易实现他们的企图。笔者曾亲往哥伦比亚大学档案馆,专程查找有关胡适档案材料,得数十件胡适档案材料,其中包括胡适1927年3月21日获博士学位注册表,并根据新发现的这些材料,撰成长文《胡适与哥伦比亚大学》②。

四、胡适档案文献的价值及其提出的问题

通过搜集、阅读现有的胡适档案文献,我个人有以下三点经验与大家分享:

---

① 周质平、陈毓贤:《多少贞江旧事——胡适与罗维兹关系索隐》,载2005年7—9月《万象》第7卷第7—9期。
② 欧阳哲生:《胡适与哥伦比亚大学》(上、下),载2004年12月、2005年1月台北《传记文学》第85卷第6期、第86卷第1期。

第一,现在公布的《胡适手稿》、《胡适遗稿及秘藏书信》、《胡适的日记》等书,都是以手稿本影印行世。其文献的真实性和原始性不容置疑。

第二,新发掘的胡适文献,就其内容而言,主要有胡适日记、书信、胡适的英文作品、胡适考证《水经注》的文字和胡适的思想史、哲学史研究文字,这些文献为我们研究胡适,打开了一片新的天地。通过阅读胡适日记,我们可以深入胡适的内心世界;胡适的来往书信向我们展示了他的人际交往世界;胡适的英文作品,表现了鲜为国人所知的他文化世界的另一半;数百万字的《水经注》考证,则可见胡适当年是多么沉湎于自己的"考据癖",以及他在这一课题上所花费的巨大精力,而这种消耗在今天看来又是多么地不值得。如果不涉足《水经注》考证,胡适也许就能如愿以偿地完成《白话文学史》下卷、《中国思想史》或英文本《中国思想小史》,我们对胡适学术成就的评价当然就会大不一样。

第三,新发掘的胡适文献,可能对我们过去形成的一些对胡适的认识或观点产生冲击。这里我想举两个例子:一个例子是关于胡适的情感生活问题,胡适去世时,蒋介石曾送一副挽联:上横联是"适之先生千古",下对联是"新文化中旧道德的楷模,旧伦理中新思想的师表"。过去大家都认为蒋的这副挽联形容、评价胡适的道德文章非常恰当。现在发掘出的材料,胡适那个隐秘的情恋世界的曝光,使我们看到,胡适比徐志摩的情感生活还丰富、还浪漫,对过去这个结论似乎形成了一种挑战。另一个例子是关于胡适的中西文化观的评价问题,胡适在中文文章中,有大量批评、甚至激烈批判中国文化、中国传统的文字,但是在现今发现的胡适英文作品中,我们又发现胡适的英文作品大都是以中国文化、中国哲学为题材,它们的基本立场是维护中国文化,为中国传统人文精神辩护。向外人宣传中国新文化的进步,为中国的生活方式和文化传统辩护,这是胡适在异域世界所扮演的一个角色。在英文世界里,胡适表现了浓烈的民族主义文化情感。

　　胡适档案文献材料的整理、出版虽经中国大陆、台湾、美国三方学者的努力,已取得很大的成就,但在中国社科院近代史所、北京大学、胡适纪念馆等处还有不少已经发现或收藏的材料尚未整理或公布。在其他国家的机构和民间可能还有一些收存的胡适材料暂不为人知,这些仍有待我们继续发掘。傅斯年先生形容寻找历史材料的艰辛时有一句名言:"上穷碧落下黄泉,动手动脚找东西",让我们带着这种精神去继续发掘胡适的材料,以真正推进胡适研究的发展。

第三章

哥伦比亚大学的学术世界
——胡适与哥伦比亚大学

当一个历史人物的地位被确立以后,他作为一个研究素材不仅具有显现历史存在的意义,而且具有被人们欣赏的性质。正是在第二重意义上,一个重要历史人物所显现的经典性才真正得以彰显,也只有被人们不断地嚼味和玩赏,历史人物才会真正呈现其鲜活的个性。

胡适作为近现代中国的一个历史文化名人,正在从尘世的喧嚣声中隐退,逐渐成为一个被人们玩味的"古董"。他生活中的许多琐碎细节,包括衣食住行、人际关系、情恋隐私等各种经历,之所以在今天仍然引起大家的兴趣,被人们去细致地考证,不是为了对他进行"褒"与"贬"的定性,仅仅是满足人们的一种历史好奇心,以延续一种历史的记忆,证明一个历史人物的精神魅力。

我这里所讨论的"胡适与哥伦比亚大学"这一题目,就是讲述一个中国学人与一所美国大学关系的历史故事。这是"胡适学"中鲜被人触及的一个问题,也是一个材料丰富而又耐人寻味的历史问题,它不只是胡适个人经历中的一个问题,事关中美文化交流这样一个大问题。唐德刚先生曾说:"胡先生是安徽人,哥大出身,北大成名,因而他对这三重背景都存有极深厚的温情主义,而且老而弥笃。"①胡适与安徽、北大的历史关系的讨论已有专文论及,唯独"胡适与哥大"这一题目,缺乏专文深入的讨论,其实这一问题内含的丰富性构成中美学术文化交流最精彩动人的一个篇章。

一、"博"而"精"的学业准备

留美七年是胡适早期成长过程中最重要的一段经历,可以说没有留美就没有"胡适"。关于这一段经历,胡适本人当时留下了一部《藏晖室札记》(后改名《胡适留学日记》,以下简称《留学日记》),晚年又在与唐德刚合作的口述自传中用了其中第三、四、五、六章四章的篇幅回顾他的留学经验,内容占其口述自传的三分之一

———————
① 唐德刚:《胡适杂忆》(增订本),上海:华东师范大学出版社1999年1月版,第3页。

强,胡适晚年如此重视自己这段留学经历,自与当时他是在哥大进行口述自传这项工作的因素影响有关,故对他成长中的"美国因素"给予相当大的比重。但我们如纵览胡适成名前的早年生活经历,可以说留美七年是胡适学业积累最快、思想进步最大的七年。

胡适的《留学日记》,对其在美留学的生活经验、思想变迁和社会活动,留有大量的纪录,而对其在课业方面的情况则语焉不详;他的《口述自传》虽有许多对其受业教师和与同学交往的介绍,也有对其留美时期思想演变的交待,但对他的学业成绩亦没有任何交待。故从《留学日记》和《口述自传》中所看到的是一个社会活动频繁的胡适、一个思想活跃的胡适、一个好与人交际(甚至是好与女人交际)的胡适[①]。根据这部《留学日记》,唐德刚先生甚至得出这样的结论:

> 胡适之这位风流少年,他在哥大一共只读了21个月的书(自1915年9月至1917年5月),就谈了两整年的恋爱!他向韦莲司女士写了一百多封情书(1917年5月4日,《札记》)同时又与另一位洋婆子"瘦琴女士"(Nellie B. Sergent)通信,其数目仅次于韦女士(1915年8月25日。同上)。

---

① 关于胡适在哥大读书期间的来往通信,有两处统计,一处是胡适1916年9月22日日记,从1915年9月22日至1916年9月22日通信,"收入九百九十九封,寄出八百七十四封",《胡适留学日记》卷十四《四一、到纽约后一年中来往信札总计》,载《胡适全集》第28册,合肥:安徽教育出版社2003年9月版,第466页。一处是《胡适留学日记》卷十五《一九一六年来往信札总计》,"自一九一六年正月一日到十二月卅一日,一年之间,凡收到一千二百十封信,凡写出一千零四十封信"。《胡适全集》第28册,合肥:安徽教育出版社2003年9月版,第510页。从收信和复信的数目可见,胡适可谓热衷通信来往,几乎是有信必回。

在博士论文最后口试（1917年5月27日（22）日）前五个月，又与莎菲（陈衡哲）通信达四十余件！在哥大考过博士口试的"过来人"都知道，这样一个精神恍惚的情场中人，如何能"口试"啊？！这样一位花丛少年，"文章不发"，把博士学位耽误了十年，岂不活该！①

唐先生的这段话曾经引起夏志清先生的反驳，以为"胡适绝顶聪明，精力过人，对他来说，多写几封信，多投几篇稿，根本不会影响到他的论文写作"②。

周质平先生前几年发现了胡适在康乃尔大学的成绩单（1910—1914年），这份成绩单迄今既未见人引用，也未见人分析，其实它为我们了解胡适大学四年的学业情况提供了直接、可靠的证据。现在我将这份成绩单译成中文：

入学第二外语基础德语：OK，高级德语：OK。

第一学年（1910—1911年）：英语（English）第一学期（周4时）80分，第二学期（周4时）88分。植物学（Botany）第一学期（周3时）80分，第二学期（周1时）80分。生物学（Biology）第一学期（周3时）75分，第二学期（周3时）82分。德语（German）第一学期（周6时）90分，第二学期（周5时）80分。植物学

---

① 参见唐德刚：《胡适杂忆》（增订本），上海：华东师大出版社1999年1月版，第196—197页。在哥大时，胡适除了与上述两位女性有过交往外，还曾与《华盛顿邮报》的发行人尤金·梅耶（Eugene Meyer）的夫人阿葛勒丝·梅耶（Agnes Meyer）有过来往。参见《胡适口述自传》第五章《哥伦比亚大学和杜威》，收入《胡适文集》第1册，北京：北京大学出版社1998年11月版，第261页。

② 夏志清：《胡适博士学位考证》，载1978年11月台北《传记文学》第33卷第5期，第30页。

(Botany)第二学期(周2时)64分。气象学(Meteorology)第二学期(周3时)70分。1911年夏季：化学(Chemistry,周6时)73分。

第二学年(1911—1912年)：地质学(Geology)第二学期(周2时)75分。化学(Chemistry)第一学期(周5时)85分。植物生理学(Plant Physiology)第一学期(周4时)77分。果树学(Pomology)第一学期(周2时)76分。英语(English)第二学期(周3时)86分。英语(周3时)83分。政治学(Political Science)第二学期(周5时)75分。哲学(Philosophy)第二学期(周3时)88分。哲学(Philosophy)第二学期(周3时)78分。1912年夏季(5周)：公共演讲(Public Speak,周2时)87分。体育(Drill and Gym)70分。体育(Drill and Gym)80分。体育(Drill and Gym)77分。

第三学年(1912—1913年)：心理学(Psychology)第一学期(周3时)92分。哲学(Philosophy)第一学期(周3时)76分。哲学(Philosophy)第一学期(周3时)90分,第二学期(周3时)85分。哲学(Philosophy)第一学期(周3时)76分。政治学(Political Science)第一学期(周2时)88分。政治学(Political Science)第一学期(周3时)72分。建筑学(Architecture)第一学期(周1时)65分。法语(French)第二学期(周6时)80分。英语(English)第二学期(周3时)96分。英语(English,周3时)88分。政治学(Political Science,周3时)85分。体育(Gym)第二学期90分、90分、80分。1913年夏季(5周)：教育学(Education,周2时)85分。讲演与阅读(Speaking and Reading,周1时)74分。英语(English,周2时)94分。

第四学年(1913—1914年):哲学(Philosophy)第一学期(周2时)90分。哲学(Philosophy)第一学期(周2时)90分。哲学(Philosophy)第一学期(周2时)一分。政治学(Political Science)第一学期(周3时)85分,第二学期(周3时)OK。英语(English)第一学期(周3时)OK。哲学(Philosophy)第一学期(周2时)一分。哲学(Philosophy)第二学期(周1时)78分。哲学(Philosophy)第二学期(周2时)OK。历史(History)第二学期(周1时)OK。①

　　从这份成绩单可看出,胡适初选农科,他所选农科方面课程(如植物学、生物学、气象学、化学等)的成绩的确一般,用胡适自己的话来说就是"还算不坏"②,这大概与他的兴趣不浓有关,这也是导致他转学文科的重要原因,他在《口述自传》中提到的那门直接促使他做出转学抉择的课程"果树学"(Pomology)正是在第二学年的第一学期③。他转学前的语言学科的成绩(如英语、德语、讲演等)明显较好,反映了他有很强的语言能力,转学到文学院后(1912年春),也就是第二学年第二学期以后的专业成绩,得了不少高分。按照康大文学院的规定,每个学生必须完成至少一个"学科程序"才能毕业,而胡适毕业时,已完成了三个"程

---

　　① 此成绩单的英文原件影印本据周质平:《胡适与韦莲司:深情五十年》,北京:北京大学出版社1998年11月版,第12—13页。
　　② 参见《胡适口述自传》第三章《初到美国:康乃尔大学的学生生活》,载《胡适文集》第1册,北京:北京大学出版社1998年11月版,第212页。
　　③ 有关胡适转学文科的原因,胡适自述有三:一是对农科没有兴趣,二是为宣传辛亥革命所做的演说产生的对政治史的兴趣,三是对文学的兴趣。参见《胡适口述自传》第三章《初到美国:康乃尔大学的学生生活》,载《胡适文集》第1册,第210—214页。

序":哲学和心理学、英国文学、政治和经济学①。这三个"程序"分属三个不同的领域,如此众多的课程,有些胡适是利用夏季学期修完的②。如从这份成绩单来看,胡适的课业成绩并没有因他大量的社会活动而受到影响,这反映了他有很强的学习能力和天赋,并兼有很强的活动能力。周质平以为,胡适与韦莲司等几位女性的密切交往和书信往来,"知识上的讨论远多于个人的私情",她们可谓胡适"知识上的伴侣"③,此为至当之论。以胡适与女性的交往,想象为影响他学业的因素似难以成立。

胡适 1914 年 5 月在康大毕业,获学士学位。接着他在康大又续修了一年硕士课程,1915 年 9 月转入哥伦比亚大学文学院。胡适选择进哥大的打算,早在他在康大转学文科时即萌发此念头,1912 年 2 月 6 日他致章希吕的信中提到了这一想法:

> 适已弃农改习哲学文学,旁及政治,今所学都是普通学识,毕业之后,再当习专门工夫,大约毕业之后,不即归来,且拟再留三年始归。然当改入

---

① 参见《胡适口述自传》第三章《初到美国:康乃尔大学的学生生活》,载《胡适文集》第 1 册,第 213 页。

② 参见 1913 年 8 月 3 日胡适《致母亲》,胡适提到"儿以年来多习夏课,故能于三年内习完四年之课也"。《胡适全集》第 23 册,第 48 页。

③ 周质平:《胡适与韦莲司:深情五十年》,第 6 页。不过,现在经周质平先生整理出来的胡适致韦莲司信至 1917 年 5 月 4 日止,仅 68 封,参见周质平编译:《不思量自难忘——胡适给韦莲司的信》,台北:联经出版事业公司 1999 年 12 月版,第 1—116 页。据胡适 1917 年 5 月 4 日检阅他从韦莲司处读到他自己的信后自称:"吾此两年中思想感情之变迁多具于此百余书中,他人处决不能得此真我之真相也。"可见,仍有一点之疑:一是胡适给韦莲司的信应有"百余书",二是这些信中应有个人思想感情的"真我之真相也"。参见《胡适留学日记》卷十六《一八、读致韦女士旧函》,收入《胡适全集》第 28 册,第 557 页。

他校,或 Harvard 或 Columbia 或入 Wisconsin(在中美为省费计)尚未能定,因 Cornell 不长于政治文学也。①

当时还是在哈佛、哥大、威斯康星三个大学中选择一个。不过,1915年胡适转学的一个直接因素是他申请延长康大哲学系奖学金被拒,理由是他"在讲演上荒时废业太多"②。故这年7月5日,他已有离开康乃尔大学去其他大学的想法:"费日力不少,颇思舍此他适,择一大城市如纽约,如芝加哥,居民数百万,可以藏吾身矣。"③7月11日,他向母亲报告了改入哥大的七大理由。其中第一条:"儿居此已五年,此地乃是小城,居民仅万六千人,所见闻皆村市小景。今儿尚有一年之留,宜改适大城,以观是邦大城市之生活状态,盖亦觇国采风者,所当有事也。"第三条:"纽约为世界大城,书籍便利无比,此实一大原因也。"第七条:"哥伦比亚大学哲学教师杜威先生,乃此邦哲学泰斗,故儿欲往游其门下也。"④与哥大和纽约直接相关⑤。显然,在纽约和芝加哥之间,他已决定选择纽约的哥伦比亚大

---

① 《致章希吕》1912年2月6日,载《胡适全集》第23册,第37页。
② 参见唐德刚译注:《胡适口述自传》第四章《青年期的政治训练》,收入《胡适文集》第1册,第226页。
③ 《胡适留学日记》卷十《八、思迁居》,载《胡适全集》第28册,第176页。
④ 《致母亲》1915年7月11日,载《胡适全集》第23册,第85页。
⑤ 胡适选择哥大的这三条理由,实为当时许多中国留美学生选择哥大的主要理由,故哥大在当时成为中国留美学生人数最多的美国大学。蒋梦麟提到在哥大留学给他印象最深的是纽约的都市之景观和哥大的名教授阵营。参见蒋梦麟:《西潮·新潮》,长沙:岳麓书社2000年9月版,第91—96页。蒋廷黻也提到:"留学生往往是羡慕有关大学中著名学者的名气才进那所大学的。中国学生进哥大更是如此。"参见蒋廷黻:《蒋廷黻回忆录》,台北:传记文学出版社1984年2月1日再版,第74页。

学。胡适晚年在口述自传中还提到他转学哥大的另一重要原因是他不喜欢在康大哲学系占据统治地位的"新唯心主义"(New Idealism),这一派对杜威的攻击反而引发了胡适对杜派哲学的兴趣,在1915年暑假"对实验主义作了一番有系统的阅读和研究之后",他"决定转学哥大去向杜威学习哲学"①。

在转学哥大之前,胡适有过三次纽约之行,其中1915年1月22日至24日的纽约之行,曾前往哥大访问,在哥大会见了严敬斋、王君复、邓孟硕等,并在哥大夜宿(23日),"与三君夜话"②。2月13、14日的纽约之行,是为参加在纽约大学俱乐部主办的抵制增兵会议,在这次纽约之行中,胡适前往哥伦比亚大学访问了在此校就读的张亦农(即张奚若)、严敬斋、王君复、邝煦堃、杨锡仁、张仲述诸君,拜访了喀司登(Karsten)、韦莲司兄嫂(Mr and Mrs Roger Williams)、黄兴等人,已有"大学贤豪"、"哈佛与哥伦比亚似较胜"的印象③。3月8日又有"纽约公共藏书楼"之记载,并受其启发,欲归国后"必提供一公共藏书楼",在乡里、安徽,乃至中国建立各级"藏书楼","亦报国之一端也"④。可见,胡适之选择哥大,是经过了一番酝酿和调查,并非一时心血来潮。

---

① 《胡适口述自传》第五章《哥伦比亚大学和杜威》,收入《胡适文集》第1册,第263页。
② 《胡适留学日记》卷八《一一、再游波士顿记》,载《胡适全集》第28册,第16—17页。
③ 《胡适留学日记》卷八《三一、纽约旅行记》,载《胡适全集》第28册,第53—54页。
④ 《胡适留学日记》卷九《十九、理想中之藏书楼》,载《胡适全集》第28册,第76页。

与强调自己在康大的学生生活这一面不同,胡适在《口述自传》中对哥大"文科各系的教授阵营"做了详细介绍,显然这是当时走进哥大的中国留学生引为骄傲之处。除了上述所提到的杜威以外,胡适特别指出:"这几年正是哥大在学术界,尤其是哲学方面,声望最高的时候。"①胡适提到的哥大文科知名教授的名字,哲学系有以希腊哲学见长的研究院院长乌德瑞(Frederick J. E. Woodridge),西方"现实主义"的代表之一芒达斯(W. P. Montague),美国"伦理文化学会"发起人厄德诺(Felix Adler);历史系有政治理论史的开山宗师顿宁(William A. Dunning),倡导"新史学"的罗宾逊(James Harvey Robinson),美国宪法史专家毕尔(Charles A. Beard);社会学系有吉丁斯(Franklin Giddings)。另外还有专治"汉学"的夏德(Frederich Hirth)。在康大,胡适的主修是哲学,副修是英国文学和经济,第二副修实为经济理论②。1915年2月3日他曾反省自己的治学倾向时说:"学问之道两面(面者,算学之 dimension)而已:一曰广大(博),一曰高深(精),两者相辅而行。务精者每失之隘,务博者每失之浅,其失一也。余失之浅,其失一也。余失之浅者也。不可不以高深矫正之。"③他的选课反映了这样一种倾向。来哥大前,他为纠正这一偏向,表示:"自今

---

① 唐德刚译注:《胡适口述自传》第五章《哥伦比亚大学和杜威》,收入《胡适文集》第1册,第257页。
② 同上书,第260页。
③ 《胡适留学日记》卷八《一五、为学要能广大又能高深》,载《胡适全集》第28册,第31页。类似的反省,还出现在1915年5月28日日记中,参见《胡适留学日记》卷九《六五、吾之择业》,载《胡适全集》第28册,第148页。

以往,当屏绝万事,专治哲学,中西兼治,此吾所择业也。"①他在哥大主修仍为哲学,副修则改为政治理论和"汉学"②。选课虽有所调整,广泛的治学兴趣和对社会政治的热衷可以说是一如继往,并未因转学而发生重大改变。在康大时,他曾得"卜朗吟征文奖金",获奖金50美金③。到哥大后,他又得"国际睦谊会征文奖金",获奖金百元④。加上这时他内心世界已在急剧酝酿的"文学革命",胡适的学业进步正在面临一场革命性的突破。

胡适在哥大的学业成绩因事涉私人隐秘,至今尚未公布。胡适本人在《口述自传》中提到所选修过的课程有:杜威的"论理学之宗派"和"社会政治哲学",乌德瑞的"历史哲学",顿宁的"政治理论史",厄德诺的伦理学,夏德的"汉学"讲座(丁龙讲座)⑤。这几位教授的课程都对他影响至深,其中杜威的"论理学之宗派"一课启发胡适决定做他的博士论文——《中国古代哲学方法之进化史》⑥。

胡适在哥大的主要学业之一是写作博士论文,胡适首次提及博士论文的写作是在1916年5月10日给

---

① 《胡适留学日记》卷九《六五、吾之择业》,载《胡适全集》第28册,第148页。
② 唐德刚译注:《胡适口述自传》第五章《哥伦比亚大学和杜威》,收入《胡适文集》第1册,第260页。
③ 参见胡适1913年5月9日日记,《胡适全集》第27册,第307—308页。
④ 参见《胡适留学日记》卷十三《二五、得国际睦谊会征文奖金》,载《胡适全集》第28册,第399页。
⑤ 参见唐德刚译注:《胡适口述自传》第五章《哥伦比亚大学和杜威》,收入《胡适文集》第1册,第257—263页。
⑥ 《胡适口述自传》第五章《哥伦比亚大学和杜威》,收入《胡适文集》第1册,第263页。

他母亲的信中：

> 儿之博士论文,略有端绪。今年暑假中,当不他去,拟以全夏之力做完论文草稿,徐图修改之、润色之。今秋开学后,即以全力预备考试,倘能如上学期(九月底至正月底为上学期)之中完事,则春间归国亦未可知。然事难预料,不能确定何时归也。①

9月27日胡适再次致信母亲:"儿所作博士论文,夏间约成四分之一。今当竭力赶完,以图早归。今年归期至多不过九十月耳。当此九十月时间,有许多事均须早日筹备。"②当博士论文完成后,胡适在1917年5月4日日记中以《我之博士论文》为题,写道:"吾之博士论文于4月27日写完。5月3日将打好之本校读一过,今日交去。此文计243页,约九万字。原稿始于去年8月之初,约九个月而成。"并附有博士论文的目录③。博士学位口试完后,5月27日他追记了五天前(22日)的博士考试:"5月22日,吾考过博士学位最后考试。主试者六人:Professor John Dewey、Professor D. S. Miller、Professor W. P. Montague、Professor W. T. Bush、Professor Frederich Hirth、Dr. W. F. Cooley。此次为口试,计时二时半。吾之'初试'在前年11月,凡笔试六时(二日),口试三时。七年留学生活,于此作一结束,故记之。"④寥寥几语,作一总结,用"考过"而

---

① 《致母亲》,收入《胡适全集》第23册,第99页。
② 同上书,第119页。
③ 《胡适留学日记》卷十六,《一六、我之博士论文》,载《胡适全集》第28册,第554—555页。
④ 《胡适留学日记》卷十六,《二六、博士考试》,载《胡适全集》第28册,第561—562页。

未用"通过",其中差异给人们留下了猜想、存疑的空间。

胡适的博士论文是《中国古代哲学方法之进化史》(A Study of The Development of Logical Method in Ancient China)。金岳霖回忆说:"在国外留学,写中国题目论文的始作俑者很可能是胡适。"①话中似带有贬意。所谓"始作俑者",这并非事实,1911年初毕业于哥大且获博士学位的陈焕章,其博士论文《孔门理财学》(The Economic Principles of Confucius and His School),即以中国为题材②;1917年与胡适同时毕业的蒋梦麟的博士论文《中国教育原理研究》(A Study in Chinese Principles of Education),亦是如此。不过,胡适的博士论文就其选题来看,以西方科学方法研治中国哲学,处理中国哲学材料,这是当时中国留学生比较普遍采纳的一种方式。但胡适论文选题的特殊之处在于它中西结合,而又颇具现代意义。中国哲学与西方哲学相比,最薄弱一环为知识论和逻辑学,这是中国近代以来许多学者逐渐形成的一个通识,也是金岳霖先生多次强调的一点③。为弥补这一缺陷,中国学者一方

---

① 金岳霖:《胡适:我不大懂他》,收入《金岳霖的回忆与回忆金岳霖》,成都:四川教育出版社1995年7月版,第30页。

② Chen Huan-Chang(陈焕章): The Economic Principles of Confucius and His School, New York: Columbia Univeristy,1911. 此书在美国哥大出版后,获得美国学术界的好评,陈的博士论文应为在哥大攻读博士学位的中国留学生胡适、蒋梦麟等所知晓,因陈作为提倡孔教的代表,其知名度颇高。

③ 参见金岳霖:《中国哲学》,收入《中国现代学术经典丛书·金岳霖卷》下册,石家庄:河北教育出版社1996年8月版,第1224页。另见张岱年:《中国哲学大纲》,载《序论》,北京:中国社会科学出版社1985年3月版,第3页。

面大力介绍西方逻辑学和哲学,一方面挖掘和显现中国自身的逻辑学和知识论。严复首先将西方《穆勒名学》、《名学浅说》译成中文,介绍给国人,可以说是传播西方逻辑学第一人。而胡适率先将西方哲学(包括逻辑学)方法运用于中国先秦哲学史研究领域,构筑中国先秦名学(逻辑学)史,并自觉地意识到中西哲学互释的重要性,无论从西方的中国哲学史研究来说,还是对中国哲学界来说,都是极具开创意义和学术价值①。胡适选择这么一个课题作为自己的博士论文选题,表现了他敏锐的学术见识和眼光。以胡适当时所具有的学养,写作一篇类似金岳霖《T. H. 格林的政治学说》题目的政治哲学论文,应不是一件难事。

二、博士学位之迷

胡适的博士学位之成为一个"问题",最早引起人们注意是在20世纪50年代,据唐德刚先生回忆,1952年哥大东亚图书馆馆长林顿(Howard P. Linton)为纪念哥大二百周年校庆,着手编撰一本《哥伦比亚大学有关亚洲研究的博士硕士论文目录》,该书1957

---

① 有关对胡适《先秦名学史》的国际评论,有罗素的书评,参见1923年11月4日胡适日记,《胡适全集》第30册,第87—96页。余英时先生在使用罗素这篇书评时,误将胡适晚年所写《〈中国古代哲学史〉台北版自记》一文对《庄子时代的生物进化论》一节的自我检讨,说成是接受了罗素这一书评的意见。参见余英时:《从〈日记〉看胡适的一生》,第15页。其实不然,胡适是接受了章太炎的《与胡适论庄子书》一书的意见。参见傅杰编校:《章太炎学术史论集》,北京:中国社科出版社1997年6月版,第255页。

出版①。"这本目录包罗万有,独独把'胡适'的论文'编漏'了,校园内一时传为笑谈。林氏也自认为一件不可恕的大'乌龙'而搔首不得其解。他是根据校方正式纪录编纂的,为什么校方的正式纪录里没有胡适论文的纪录呢?"②1961年袁同礼发表了一份《中国留美同学博士论文目录》,在书中袁将1917年和1927年并列为胡适获博士学位的时间③。实际上,在袁编撰此书时,曾责成唐德刚去寻查有关胡适获得博士学位的纪录,而唐已在哥大的档案中发现胡适获得博士学位的注册时间是在1927年,并将这一结果告诉了袁同礼。考虑到当时两岸"都以'打胡适'为时髦",袁不希望这一发现为外界的政治所利用,故煞费苦心地作了这样一种变通处理④。

胡适博士学位问题的风波再起是在20世纪70年代,1977年10月台北《传记文学》第31卷第4期发表了唐德刚的《七分传统、三分洋货——回忆胡适之先生与口述历史之三》,这是连载的唐著《胡适杂忆》的第三章,披露了其当年为袁同礼查找胡适获取博士学位材料的上述内情。接着,北美《星岛日报》1978年四五月份刊登了三篇讨论胡适博士学位的文章,即4月17日潘维疆的《胡适博士头衔索隐》、5月13日胡祖强的

---

① Howard P. Linton, comp, *Columbia University Masters' and Doctoral Dissertations on Asia*, 1875—1956, New York: Columbia University Libraries, 1957.
② 唐德刚:《胡适杂忆》(增订本),上海:华东师范大学出版社1999年1月版,第40页。
③ Tung-Li Yuan, comp, *A Guide to Doctoral Dissertations by Chinese Students in America*, 1905—1960, Published under the Auspices of the Sino-American Cultural Society, Inc Washington D. C. 1961.
④ 唐德刚:《胡适杂忆》(增订本),第40页。

《从胡适博士头衔被考据说起》、5月29日潘维疆的《胡适博士头衔索隐补述》。三文均否定胡适获得博士学位。根据潘文的意思,《星岛日报》的编辑在5月29日以《胡适博士非真博士》为题用特号大字做头条新闻刊出。由于该报被视为左派中文报纸,在"卫胡"派看来此乃"小题大做",可能别有其特殊的政治背景或政治用意。故唐德刚于5月30日特投书该报,该报6月7日以《胡适乃真博士》为题将唐信刊出。接着,1978年11月台北《传记文学》第33卷第5期刊登了汤晏的《胡适博士学位的风波》和夏志清的《胡适博士学位考证》两文。其中夏文提供了1978年8月15日富路德教授(Luther Currrington Goodrich)给夏的一封信,信中除了说明胡适之所以迟至1927年才拿到博士学位,只是因为当年要求呈缴博士论文副本一百本,而胡适"当时认为,对他来说,在中国同侪中展露才华,远比集中精力去出版他的论文更为重要"。富声称,1927年毕业典礼时他陪同胡适参加了博士学位授予仪式①。富氏的这封信有关出席毕业典礼的一段回忆已被确证有误,因胡适1927年4月中旬已起程返国,他不可能参加当年的毕业典礼②。

1978年12月第33卷第6期《传记文学》又刊登

---

① 夏志清:《胡适博士学位考证》,载1978年11月台北《传记文学》第33卷第5期,第33页。

② 余英时认为,富氏把胡适在1939年6月6日哥大获荣誉博士学位情形误记在1927年了,此说成立。参见余英时:《重寻胡适历程:胡适生平与思想再认识》,第12页。又见胡适1939年6月6日日记,《胡适全集》第33册,第227页。沈有乾回忆,胡适的博士学位证书,系他所代领。参见沈有乾:《我为胡适博士领博士文凭》,载1988年12月台北《传记文学》第53卷第6期。

了唐德刚先生的《胡适口述自传》译稿《哥伦比亚大学和杜威》，该文的第一条长篇注释即是讨论"胡适的学位问题"，明确说明"所谓'胡适的学位问题'不是什么'真假'的问题。问题在：他拿学位为什么迟了十年？这问题因此牵涉到，他1917年5月22日参加口试，所谓'通过'的是'哪一柱'（Which column）的问题了"①。据唐先生解释，博士论文答辩分三种情形，通称"三栏"或"三柱"（three columns），第一柱"小修通过"（pass with minor revision），第二柱"大修通过"（pass with major revision），第三柱"不通过"（failure）。在唐先生看来，胡适1917年大概只是"大修通过"（pass with major revision）。其原因可能有四：一是参评六位教授除了夏德教授（Prof Frederich Hirth）"略通汉文"，其他教授不懂中文，故他们根本无法欣赏胡适这篇以"中国古代哲学方法之进化史"为题目的论文。二是胡适的博士论文"在这些洋人看来，简直像一本不知所云的中国哲学教科书（poorlywritten textbook），根本不同于一般博士论文钻牛角的'体例'"②。三是胡适的博士论文指导教师是"大牌教授"杜威，他"声望高，治学忙，名气大，一切都不在乎"。"胡适得博士不得博士，关他的事！"③四是胡适在哥大研究院只读了两年（1915—1917年），住校时间太短，连博士学位研究过程中的"规定住校年限"（Required residence）都

---

① 《胡适口述自传》第五章注一，收入《胡适文集》第1册，第271页。

② 唐德刚译注：《胡适口述自传》，收入《胡适文集》第1册，第272页。

③ 同上书，第273页。

嫌不足①。而1927年哥大给胡适补发学位证书，显然没有让胡适按通常的手续"补考"，只是补缴了100本博士论文副本，故当年的"大修通过"也就无从说起了。

胡适博士学位的讨论可以说到此告一段落。以后耿云志先生发表了一篇《博士学位问题及其他》②，耿文主要提供并疏理了胡适回国以后与这一问题相关的一些材料，其基本倾向也是站在唐德刚一边。我之所以再要讨论这一问题，是因为最近余英时先生所做《从〈日记〉看胡适的一生》又重提这一问题，余先生基本上不同意唐德刚先生的看法，以为胡适1927年补缴博士论文副本100本，只是履行手续而已，并不是如唐先生所说有1917年"大修通过"这回事③。余文抓住唐文对富路德教授(Prof Luther C. Goodrich)给夏志清一信的解释疑点，即富氏将胡适1939年6月在哥大得荣誉法学博士的情景搬到了1927年，唐先生对此采信不疑；而对富氏提供的另一依据——即补缴100册《先秦名学史》副本，则作为"硬证"予以采信。我以为，唐先生虽对富氏的误记和补缴100册《先秦名学史》副本是否哥大定规"于疑处不疑"，但他的解释仍有相当的可靠性，只是缺乏"硬证"证明。

关于胡适博士学位的考证，原来论者所用胡适本人提供的"硬证"材料主要只有一项，即胡适1917年5

---

① 唐德刚：《胡适杂忆》(增订本)，第41—42页。
② 收入耿云志：《胡适研究论稿》，成都：四川人民出版社1985年10月版，第292—312页。
③ 参见余英时：《重寻胡适历程：胡适生平与思想再认识》，台北：联经出版公司2004年5月初版，第3—13页。

月27日日记。夏志清先生在文中引用富路德教授的书信,虽富氏以当事人身份作证,但显然记忆有误。不过,与胡适博士学位有关,现存的材料至少还有两件:一件是已出版的《先秦名学史》,几乎所有学者都把它当作胡适的博士论文本身,而没有注意到它与当年胡适提供答辩的博士论文之间的细微差别。二是在哥大档案馆现还保留着胡适1927年3月21日获得博士学位的注册说明,这份材料为笔者所发现(见附件一),该件说明胡适留学哥大时所用的英文名字为 Suh Hu,而不是后来所用的 Hu Shih[①]。我想借助这两份材料对胡适的博士学位问题再做一点考证,只能说是对唐先生观点的进一步补证。

胡适童年时期,即有"糜先生"之称。在美留学时,虽尚未得博士学位,甚至连博士候选人都不是,但周围的同学和朋友亦以"博士"称之[②]。胡适归国后,人们亦习惯以"博士"称之,这在当时学界可以说是司空见惯的事,即未得"博士"学位而先用"博士"头衔[③]。但不料这中间却有差别,在美时,同学称胡适为"博士",是以对其学问的尊重或认定胡适适宜做学问

[①] 胡适留学期间发表英文作品,他的英文作品署名亦为 Suh Hu,参见 SUH HU, *Analysis of The Monarchical Restoration in China*, Columbia Spectator, January 14, 1916。直到胡适回国以后,才开始使用 SHIH HU (HU SHIH),20年代这两个英文名字一度混用。1926年以后才固定使用 HU SHIH,故在博士学位注册表上有一行说明:"Name on commence program Hu Shih"。

[②] 参见《胡适留学日记》卷十一,《一一、将往哥伦比亚大学,叔永以诗赠别》,内附任鸿隽:《送胡适之往哥伦比亚大学》,诗中即有"出辞见诗书,'博士'名久宣"。并注"'博士'非学位,乃适之'浑名'也"。

[③] 唐德刚先生亦注意到这一点。参见唐德刚译注:《胡适口述自传》,收入《胡适文集》第1册,第271页。

而呼之。归国后,人们称胡适为"博士",则是以为其拥有这一学衔而称之。因此,那些了解胡适未获博士学位内幕的人,不免对此大做文章,或借此予以嘲讽,以对胡适个人的"诚信"提出怀疑。

1919年9月7日朱经农致信胡适:

> 今有一件无味的事不得不告诉你,近来一班与足下素不相识的留美学生听了一位与足下'昔为好友,今为雠仇'的先生的胡说,大有'一犬吠形,百犬吠声'的神气,说'老胡冒充博士',说'老胡口试没有pass',说'老胡这样那样'。我想'博士'不'博士'本没有关系,只是'冒充'两字决不能承受的。我本不应该把这无聊的话传给你听,使你心中不快。但因'明枪易躲,暗箭难防',这种谣言甚为可恶,所以以直言奉告,我兄也应设法'自卫'才是。凡是足下的朋友,自然无人相信这种说法。但是足下的朋友不多,现在'口众我寡',辩不胜辩。只有请你把论文赶紧印出,谣言就没有传布的方法了。①

对于朱经农的要求,胡适没有正面回应,但他复信把攻击他的留美朋友分为三种:

> 第一种是因为期望太切,所以转生许多不满意的地方来。第二种是因为生性褊窄,好作不合

---

① 《朱经农致胡适》(1919年9月7日),《胡适来往书信选》上册,香港:中华书局1983年11月版,第66页。类似朱经农所说的这种"闲言碎语",在当时留美学生中可能流传甚广,金岳霖的回忆中也提到胡适博士论文口试的情节,参见金岳霖:《胡适,我不大懂他》,收入《金岳霖的回忆与回忆金岳霖》,成都:四川教育出版社1995年7月版,第30页。

时宜的言论,以自标高异,他们对新事业都下极严酷的批评,自己却没有贡献,这种空论家也只好由他去罢!第三种是顽固成性,除他的几句'敝帚自珍'的旧式文字以外,天下事物都是看不上眼的。此外还有许多'一犬吠形,百犬吠声'的,更不用说了。这个中间,只有第一种的批评应当静心听听。①

朱经农似乎看出问题的症结所在,故他在1920年8月9日给胡适的信末再次向胡适要求:

> 又,你的博士论文应当设法刊布,此间对于这件事,闹的谣言不少,我真听厌了,请你早早刊布罢。②

显然,朱经农并不了解胡适的苦衷,因对方的攻击确有其实。只是在当时的环境下,胡适的地位并不与他的博士学衔挂钩,胡适在中国知识界的名誉也不与他的学位问题密不可分。故胡适给朱经农的信中明白说明这一点,实际上是大有"让别人去说吧!走我自己的路"的气慨。在当时未拿博士学位而在北大被聘任为教授者大有人在,何况胡适的中、西学问和已发表的成果,足以让其在中国学术界占住一席之地。

但对朋友朱经农的建议和要求,胡适不得不有所考虑,也不得不有所满足,胡适毕竟是爱惜羽毛,讲究诚信的君子。正是出于这一点,1922年他将自己修改

---

① 胡适的这些话转引自《朱经农致胡适》(1920年8月9日),载《胡适来往书信选》上册,第109—110页。
② 《朱经农致胡适》(1920年8月9日),载《胡适来往书信选》上册,第111页。

过的博士论文交由亚东图书馆出版。新出版的这本英文论文题为《先秦名学史》(The Development of the Logical Method in Ancient China)。这不同于他在哥大撰写的博士论文所使用的题目《中国古代哲学方法之进化史》(A Study of The Development of Method in Ancient China)①。题目有所调整,应该说后者比前者更具问题意识;内容至少也小有修改,如《胡适留学日记》所保留的中文拟目,第三篇第三书第五卷"惠施"、第六卷"公孙龙"。而后来出版的英文版则为第五章"惠施与公孙龙"(Chapter V: Hui Sze and Kung-Sun Lung),第六章"惠施与公孙龙"(Chapter VI: The Same(Concluded))。因我们没有胡适原所交博士论文的稿本,故无从对这两个版本的出入进行比较,但可以肯定,这两个版本的文字确小有差异,而后一个版本在前一个版本的基础上应有改进。关于这一点,在这本英文著作的前面,胡适加了一个1917年6月所写的《前言》和1922年1月所写的《附注》。其中,在《附注》中,胡适特别说道:"最近四年,我很想有机会对这篇论文作彻底的修订,但由于工作的繁忙而搁置下来,这就是它长期未能出版的原因。在国内的英、美友人曾读到我这本书的手稿,屡次劝说我把这本四年前写的书出版,我现在勉强地把它发表了。可以高兴的是这篇学位论文的主要论点、资料的校勘,都曾得到国内学者的热情赞许。这表现在他们对于这本书的中文修订版《中国哲学史大纲》第一卷的真诚接受,特别是关于我所认

---

① 《胡适留学日记》(四),卷十六《十六、我之博士论文》,载《胡适全集》第28册,第555—556页。

定的每一部哲学史的最主要部分——逻辑方法的发展。"①这段话至少表明了三点意思：一是他本欲对这篇论文"作彻底的修订"，也就是"大修"，但因工作繁忙而搁置，这实际暗含了他虽欲"大修"，实际只是进行了"小修"；二是他现在出版这篇论文，是应英、美友人的要求，胡适没有具体点名，但其中应可能包括罗素，甚至杜威这样一些国际著名哲学大师；三是他的这篇论文的主要成果已得到"国内学者的赞许"。这样一段字斟句酌的文字，其实是一种模糊处理，很容易给人一种他的论文只需"小修通过"的印象，以说明其博士学位并不是一个什么人们所想象的"问题"。

1927年1月11日胡适第二次来到美国，此次系他由欧洲转道来美国访问。早在英国时，1926年12月26日胡适特致电亚东图书馆，要求其寄《先秦名学史》100册给哥大Dena处。显然，胡适此举系与哥大方面有所约定。现在哥大保留的档案证明，胡适博士学位注册的时间是1927年3月21日②。上面除了说明胡适向哥大提供了100册英文博士论文《先秦名学史》(*The Development of the Logical Method in Ancient China*)(这是亚东图书馆在1922年出版的版本)，没有任何其他说明。但申请博士学位，博士论文是否要

---

① 《胡适文集》第6册，第5页。
② 胡颂平将胡适"完成博士学位手续"的时间定在1927年3月初，显然有误。参见胡颂平：《胡适之先生年谱长篇初稿》第2册，台北：联经出版事业公司1990年三版，第674页。此说后常为人们所沿用，如曹伯言：《胡适年谱》，合肥：安徽教育出版社1990年版，第329页。耿云志则将胡适补办博士学位手续的时间放在1927年2月，参见耿云志：《胡适年谱》，成都：四川人民出版社1989年12月版，第156页。

出版，且须交100册副本，这是否是哥大的一项成文定规，我以为仍是一件令人怀疑的事①。

作为一种相互的谅解，胡适向哥大方面赠送100册《先秦名学史》(The Development of the Logical Method in Ancient China)，并在哥大先做讲座，而哥大方面免除胡适的"补考"，我猜测这是完全可能的事，且对双方也是比较体面的事。但对内中的细节，我们目前无法取得其他的硬证，笔者曾向哥大教务部门索取胡适的学习成绩档案，但因事涉个人隐私，哥大方面不愿提供而作罢。胡适日记没有留下有关这方面的任何记载，1927年2至3月份的日记完全空缺。胡适与其他人的书信往来中也未见任何有关这方面蛛丝马迹的痕记。即使查到胡适在哥大的学业成绩档案，其中是否有口试纪录，也很难确定；如无纪录，自然仍是一个悬案。胡适与哥大方面是如何交涉？一种可能是在杜威访华期间，杜威对胡适已有承诺，双方达成"谅解"，故胡适将其博士论文刊布于世。一种可能是胡适来美以后，在哥大的交流活动，加上杜威等人促成所产生的结果。究竟属于那一种情形，仍有待材料进一步证明。

当然，我们也不能排除1917年杜威等人在口试中将胡适的博士论文通过有意"搁置"，以便压一压这位风头正健的青年学子。以在哥大研读仅两年时间，即使算上康大一年研修时间，也不过三年，这样短的时间就获得哲学博士学位(PH·D)，不要说是一位外国学

---

① 例如，与胡适同年(1917年)博士毕业，却获得博士学位的蒋梦麟，其英文博士论文《中国教育原理之研究》(A Study In Chinese Principles Of Education)，迟至1924年由上海商务印书馆出版。

生，就是对美国本国学生也都嫌太短！杜威这些大牌教授能否接受这样一位"天才"学生？在当时也是一个值得怀疑的问题。如果是出于这样一种考虑，后来补缴一百本博士论文副本，自然只是补办手续而已。这样一种猜测，应该说是一个"大胆的假设"，但也绝不能排除。胡适未得康大奖学金而离开该校，其中的原因不正是因为他演讲名声太盛这样一个不是理由的理由吗？

胡适归国后，一般人都把胡适错当成"博士"，并以此相称，这是当时人所皆知的一件事①；胡适的"博士"头衔甚至对没有博士学位而与胡适同岁的刘半农造成极大压力，以至于刘被迫出国留学，以补拿博士学位②。须加说明的是，胡适提前十年被人戴上"博士"帽，它并不能说明胡适在所谓"博士学位"问题上存在"诚信"一类的问题。称他为"胡博士"本身就是他人的事，并不是胡适自卖自夸。而在当时中国著名大学，

---

① 胡适归国后常被人称为"博士"，五四时期胡适誉满天下，以至身在深宫的废帝溥仪亦仰慕其大名，主动打电话邀请他入宫会谈，电话中直呼胡适"胡博士"，关于此事经过参见溥仪《我的前半生》，北京：群众出版社1980年12月版，第140页。而胡适在随后报道他与溥仪的会谈经过时，则以"先生"为溥仪对自己的称呼，参见胡适《宣统与胡适》，载1922年7月23日《努力周报》第12期，《胡适文集》第11册，第79—80页。另一个有趣的例子是1918年安福国会选举，一位名叫韩安的人曾向胡适借博士文凭参加投票，胡适明确告诉他没有拿到。参见白吉庵《胡适传》，北京：人民出版社1994年5月版，第254—255页。不仅中国人称胡适为"博士"，外国人（包括美国人）也称胡适为博士，如胡适的《终身大事》被译成英文，1919年在美国出版时即署名"Doctor Hu Shih"，此显系译者所加，参见周质平编《胡适英文文存》第1册，台北：远流出版公司1995年5月1日版，第119页。类似的情况在1919年至1927年有关胡适的英文报道中亦较为常见。

② 参见周作人《知堂回想录》，香港：三育图书有限公司1980年11月版，第502—503页。

如北京大学、清华大学,没有博士学位而被聘任为教授者(如王国维、陈寅恪等)大有人在。1917年哥大未授予胡适博士学位,不管是出于什么原因,应当说都是一个"尴尬的错误",之所以这样说,是从两方面来说,胡适对这次"挫折"当时只能无可奈何的接受;杜威这些当年参加口试的导师和评委,他们因处理不当而在胡适享受大名之后,也只好以向胡适"示好"来弥补当初的"不当"。这样一个"尴尬的错误"对爱惜羽毛的胡适来说,若如一块难去的"心病"。1946年7月底他回到北大任校长时,在其填写的个人履历中,关于获取学士学位(B·A),他注明为1914年,而于博士学位(PH·D)一项,则未填年份(见附件二)。类似的情形出现在他1948年填写中央研究院院士表格时,在学历一栏填获康奈尔大学文学学士一项,亦注明为"1914"年,而填写的哥伦比亚大学哲学博士一项,也没有填年份①。20世纪50年代,唐德刚先生"委婉"地就此事询问胡适时,胡适也是以"苦笑的表情"向唐解释,但胡适在这样一个事关个人名誉问题上的诚实表现,亦如唐先生所感受到的,益发觉得其为人可爱与可敬的一面②。

---

① 此表原件收存在北京大学档案馆。不过,1950年月10月11日胡适在普林斯顿大学葛斯德东方图书馆所填的个人资料(Faculty Biographical Records)则填写其学士是1914年在康奈尔大学所获,博士是1917年在哥伦比亚大学所获。参见周质平:《胡适与韦莲司:深情五十年》,北京:北京大学出版社1998年11月版,第209页。这可能是胡适唯一一份将博士学位的时间置于1917年的表格。

② 唐德刚:《胡适杂忆》(增订本),第41页。

三、杜威与胡适亦师亦友的关系

胡适留美近七年,在哥大实际不足两年,比在康乃尔大学的时间要短一半,但哥大在他心中的地位及其对他后来的影响实在康乃尔之上。这里除了与哥大本身的地位有关外,应还有其他因素,其中杜威在美国哲学界的领袖地位,以及胡适与杜威的师生情谊应是其中最重要的一个因素。因此,我们有必要讨论胡适与杜威的关系,这段师生交往的历史关系既是"胡适学"的一个重要话题①,也是中美学术文化交流的一段佳话。

胡适在《留学日记》的自序中曾提及他的留学时代与杜威的关系。

在这里我要指出,札记里从不提到我受杜威先生的实验主义的哲学的绝大影响。这个大遗漏是有理由的。我在1915年的暑假中,发愤尽读杜威先生的著作,做有详细的英文提要,都不曾收在札记里。从此以后,实验主义成了我的生活和思想的一个向导,成了我自己的哲学基础。但1915年夏季以后,文学革命的讨论成了我们几个朋友之间一个最热闹的题目,札记都被这个具体问题占去了,所以就没有余力记载我自己受用而不发生争论的实验主义了。其实我写《先秦名学史》,

---

① 有关胡适与杜威的关系,过去多从双方的思想影响这方面解读,这方面的研究文献有顾红亮:《实用主义的误读——杜威哲学对中国现代哲学的影响》,上海:华东师大出版社2000年10月版。

《中国哲学史》都是受那一派思想的指导。我的文学革命主张也是实验主义的一种表现;《尝试集》的题名就是一个证据。札记的体例最适宜于记载具体事件,但不是记载整个哲学体系的地方,所以札记里不记载我那时用全力做的《先秦名学史》论文,也不记载杜威先生的思想。①

胡适这里谈到了他早年接受杜威思想的影响。验之于他的《留学日记》,的确,他在1916年6月16日追记的"杜威先生"中,载有陶知行所摄的杜威与胡天潜合影,记道:"杜威(John Dewey)为今日美洲第一哲学家,其学说之影响及于全国教育心理美术诸方面者甚大,今为哥伦比亚大学哲学部长,胡、陶二君及余皆受学焉。"②1917年4月的日记中收有3月26日《独立》周报刊登的Edwin E. Slosson的《杜威先生小传》③,1917年5月27日追记的"博士考试"中记有5月22日参加的博士考试主试教授六人中有杜威④,5月30日记有"昨往见杜威先生辞行。先生言其关心于国际政员之问题乃过于他事。嘱适有关于远东时局之言论,若寄彼处,当代为觅善地发表之。此言至可感念,故记之"⑤。除了这几处记载外,其他则没有有关杜威的文字记录。事实上,杜威作为胡适的博士论文指导教师,

---

① 胡适:《胡适留学日记》自序,收入《胡适全集》第27册,合肥:安徽教育出版社2003年9月版,第104页。
② 胡适:《胡适留学日记》卷十三,收入《胡适全集》第28册,第385页。
③ 胡适:《胡适留学日记》卷十六,收入《胡适全集》第28册,第542—545页。
④ 同上书,第561—562页。
⑤ 同上书,第562页。

应有更多的接触机会。1936年7月20日胡适在《藏晖室札记》出版时补记上语,明显是为日记的这一遗漏作说明。

杜威的家座落在纽约河边大道(Riverside Drive)和西一一六街的南角。据胡适在《口述自传》中回忆,那时候,"每个月杜威夫人照例都要约集一批朋友以及他的学生们举行一个家庭茶会",这个聚会里邀请各种各样的人参加,"杜氏的学生们被邀请参加这个'星期三下午家庭招待会',都认为是最难得的机会"①。杜威对胡适之所以具有吸引力,与杜氏对宗教的态度有关,胡适本是一个无神论者,杜威"对宗教的提法是比较最理性化的了",所以胡适"对杜威的多谈科学少谈宗教的更接近'机具主义'(Instrumentalism)的思想方式比较有兴趣"。② 胡适选修了杜威的"论理学之宗派"一课,在进哥大以前,胡适已读过杜威的《思维术》(*How We Think*),正是在这本书中,杜威提出了思维的五阶段说,胡适深受其影响,并在留学归国后一再介绍它③。胡适提出的"有证据的探讨"说(evidential investigation),即是将杜威的"思维术"与中国古典学术和史学家治学的方法如"考据学"、"考证学"相结合的产物,胡适自称:"在那个时候,很少人(甚至根本没有人)曾想到现代的科学法则和我国古代的考据学、考证学,在方法上有其相通之处。我是第一个说

---

① 《胡适文集》第1册,第264页。
② 同上。
③ 参见《实验主义》,《胡适文存》卷二。《胡适文集》第2册,第232—238页。《思想方法》,原载1926年1月5日《学生杂志》第13卷第1期,收入《胡适文集》,第12册,第289—293页。《杜威哲学》,收入《胡适文集》第12册,第375—379页。

这句话的人;我之所以能说出这话来,实得之于杜威有关思想的理论。"①在选修杜威的课前,胡适还读了他的《逻辑思考的诸阶段》一文,这篇论文有关中古教会借重亚里斯多德的形式逻辑的论述,使胡适想到了古代印度"因明学"中的"五支",并构成他"对人类思想作历史性了解的诸种关键性观念之一环"②。

杜威不仅是胡适思想方法的"向导",且对胡适的政治思想亦有潜移默化的影响,胡适提到了1916年1月杜威在《新共和》(*The New Republic*)杂志发表的《力量、暴力与法律》和在《国际伦理学报》(*International Journal of Ethics*)上发表的《力量与强迫》两文,这两文的中心意思是"说明两个力量如何因冲突而抵消的原委",而以法律作为解决冲突的手段。在杜威和安吉尔的《大幻觉》(*The Great Illusion*)影响下,胡适在1915到1916年逐渐形成了一种新思想:"我也开始舍弃我原有的不抵抗哲学而接受一种有建设性的,有关力量和法律的新观念,认为法律是一种能使力量更经济有效利用的说明书。"③1916年初,胡适参加"国际睦谊会"主办的以"在国际关系中,还有什么东西可以代替力量吗?"为主题的论文竞赛,其所撰论文的主旨即深深留下了这种思想影响的痕迹。

胡适与杜威的大量直接接触,应在杜威来华讲学的两年期间(1919年4月30日—1921年7月11

---

① 《胡适口述自传》第五章《哥伦比亚大学和杜威》,载《胡适文集》第1册,第268页。
② 同上书,第266—267页。
③ 《胡适口述自传》第四章《青年期的政治训练》,载《胡适文集》第1册,第268页。

日)。杜威来华讲学,系胡适促成。本来杜威的远东之行只有日本一站,在日访问期间,杜威收到胡适的来信,邀请他来中国访问。正在日本访问的蒋梦麟、郭秉文也是哥大的留学生,他们登门拜访杜威。杜威随即回复胡适,愉快地表示接受邀请:

> 你问我能否在中国讲演,这是很荣誉的事,又可借此遇着一些有趣的人物,我想我可以讲演几次,也许不至于我的游历行程有大妨碍。我想由上海到汉口再到北京,一路有可以耽搁的地方就下来看看。①

北京大学、江苏教育会、南京高师作为杜威来华访问的接待机关,胡适是北大推定的代表②。4月30日杜威抵达上海时,胡适与陶行知、蒋梦麟三位受业弟子亲往码头迎接他。5月2日胡适在江苏教育会"讲演实验主义大旨",以为杜威讲演的"导言"③。杜威在华的巡回讲演,其中在北京、天津、济南、太原等地的讲演都由胡适负责翻译④,现能查到胡适做翻译的场次有:1919年5月3日在上海的演讲⑤,6月8、10、12日杜威在北京西城手帕胡同教育部会场讲演《美国之民治的发展》⑥,6月17、19、21日杜威应京师学务局邀请

---

① 《杜威博士致胡适教授函》,载1919年3月28日《北京大学日刊》。
② 《陶行知致胡适》,载《胡适来往书信选》上册,香港:中华书局1983年11月版,第34页。
③ 参见《胡适教授致校长函》,载1919年5月8日《北京大学日刊》。
④ 参见胡适《杜威在中国》,收入《胡适文集》第12册,第425页。
⑤ 参见《胡适教授致校长函》,载1919年5月8日《北京大学日刊》。
⑥ 载1919年6月9日、11日、13日《晨报》。

到北京美术学校对中小学教职员讲演的《现代教育的趋势》①，8月10日在北京化石桥尚志学校讲演《学问的新问题》②，9月20日开始在北大法科大礼堂讲演《社会哲学与政治哲学》（共16次，至次年3月6日结束），9月21日开始在西城手帕胡同教育部会场讲演《教育哲学》（共16次，至次年2月20日结束），10月6日至14日在太原讲演《世界大战与教育》、《品格之养成为教育之无上目的》、《教育上的自动》、《教育上试验的精神》、《高等教育的职务》③，在北京讲演《伦理讲演》（共12次，具体演讲日期、地点不明）④，11月14日开始在北大讲演《思想的派别》（共8次，至次年1月30日结束）⑤，11月在北京发表的《自治演讲》（具体日期不明）⑥，12月17日在北大讲演《大学与民

---

① 载1919年6月27日、28日、30日、7月5日《北京大学日刊》。
② 载1919年8月10、11、12日《晨报》。
③ 参见1919年月10月16日《北大日刊》。另载1919年10月15日《新中国》第1卷第7号。
④ 演讲纪录载1919年10月15日、21日、28—29日、11月3日、22、30日、12月5日、18、25日、27—28日、30日、1920年1月20日、3月10日、20日《晨报》。这一系列演讲一说为胡适口译，参见黎洁华：《杜威在华活动年表》，收入沈益华《杜威谈中国》，杭州：浙江文艺出版社2001年1月版，第375页。另有一说，此演讲口译者不详，参见《杜威五大演讲》，合肥：安徽教育出版社1999年9月版，第276页。安徽教育版《胡适全集》（第42卷译文）收入《杜威五大演讲》时未收此讲，改名为《杜威四大演讲》。但从演讲地点在北京这一点来看，口译者应为胡适。胡适本人在《杜威在中国》一文中也确认在北京的翻译都由他承担，参见《胡适文集》第12册，第425页。另外，蔡元培1923年也提到杜威"在北京有五大演讲，都是胡适口译的"，参见《五十年来中国之哲学》，收入《中国现代学术经典丛书·蔡元培卷》，石家庄：河北教育出版社1996年8月版，第341页。
⑤ 载1919年11月16日至1920年2月4日《晨报》，又载1919年3月、5月《新中国》第2卷第3、5号。
⑥ 载1919年11月22日《平民教育》第7号。

治国舆论的重要》①,12月29日在山东济南所作讲演《新人生观》②,1920年1月2日在天津所作讲演《真的与假的个人主义》③,1月20日在北京中国大学所做讲演《西方思想中之权利观念》④,1月在北京高等师范学校讲演《思维术》⑤,3月5日至3月底在北大法科礼堂讲演《现代的三个哲学家》(共6讲)⑥。从胡适日记来看,杜威演讲有时事先提供讲稿给胡适看,以为准备;而在演讲结束后,准备发稿时,胡适又为之校稿⑦。在杜威访华的行程中,曾先后陪伴他,或为他的讲演做翻译者还有蒋梦麟、郭秉文、陶行知、刘伯明、杨贤江、王徵、郑晓沧、郑宗海、曾约农诸人,这些人大都是哥大毕业的中国留学生,另出版过《杜威三大演讲》、《杜威在华演讲集》等书,但翻译场次之多,影响之大,则无出于胡适之右。

胡适为杜威演讲作翻译,对杜威的演讲效果颇有助益。据杨步伟女士回忆,她第一次见到胡适即是去北平师大听杜威演讲。她本是一医生,不懂哲学,又不懂英文,故对杜威的演讲没有兴趣,但一位朋友告诉

---

① 载1919年12月20日《晨报》。
② 参见颜之:《济南两周见闻记》,载1920年1月23日、24日《晨报》。
③ 参见胡适:《非个人主义的新生活》,收入《胡适文存》卷四。《胡适文集》第2册,第564页。
④ 载1920年1月24日《晨报》。
⑤ 载1919年11月26日《晨报》。
⑥ 载1920年3月8日至27日《晨报》,又载1920年3月11日至4月30日《北京大学日刊》。
⑦ 如1920年2月28日、3月5日日记中有"看杜威讲稿"记载,《胡适全集》第29册,第99、105页。又如1920年2月19、20、21、26日日记中有"校杜威讲录"、"校讲演录"记载,《胡适全集》第29册,第90、91、92、97页。另在胡适《杜威在中国》一文中,也提到类似处理翻译的情形,参见《胡适文集》第12册,第426页。

她:"你不用愁不懂这个那个的,有一位北大教授胡适之先生做翻译,不但说的有精有神,而(且)说到一般人都可以懂哲学,并且他人非常漂亮,有丰采,你非去听一次不可。"果然,在演讲中,"从杜威先生龙钟老态,更显出胡适之的精神焕发了",这是杨步伟第一次见到胡适留下的印象①。证之于当时的报道也是如此,1919年5月3日《民国日报》有这样一段报道:

> 昨晚八时,江苏教育会请胡适之博士演讲。胡君演题为实验主义之教育,盖因美国杜威博士今明两日在省教育会讲演,即系此题。杜威博士为实验主义教育家,所讲自必精切。惟此项主义,其派别源流亦极复杂,胡博士特先为演述梗概,以资导引,俾聆听杜威博士演说者,益饶兴趣。而胡君议论风生,庄谐杂出(谭叫天、梅兰芳、三纲五常等均征引及之),故听者咸极欢迎云。②

1920年8月晨报社将杜威在北京的五个系列演讲辑成《杜威五大演讲》出版,这些演讲全为胡适担当口译,在正式汇辑出版时,译文又经胡适审订。该书出版后,到杜威离华时已印行11版③,每版都在10000册

---

① 杨步伟:《我记忆中的胡适之》,原载1962年3月4日台北《征信新闻报》,收入欧阳哲生编:《追忆胡适》,北京:社科文献出版社2000年9月版,第327页。

② 《胡适之博士演讲纪略》,载1919年5月3日《民国日报》第十版。

③ 关于《杜威五大讲演》在杜威离华前的版次有二说:一说11版,参见《杜威五大讲演》出版说明,合肥:安徽教育出版社1999年9月版;张宝贵:《杜威与中国》,石家庄:河北人民出版社2001年1月版,第38页。一说13版,参见元青:《杜威与中国》,北京:人民出版社2001年9月版,第122页。

以上。五四时期,与杜威同时在华巡回演讲的世界级大思想家还有罗素。如从个人风度及演讲才能来说,罗素远在杜威之上,比较而言,罗素演讲的社会影响和思想影响则不如杜威①,其中一个主要原因,杜威演讲颇得他在华一批弟子的造势、助阵,胡适自是其中最主要的人物②。

除了陪伴杜威讲演、游历,胡适与杜威私下的交往亦很频繁,胡适1919年至1920年的《日程与日记》中保留了大量有关这方面的记载③。杜威来华访问前,胡适曾有长文《实验主义》刊登于1919年4月15日《新青年》第6卷第4号,杜威离华的那一天(1921年7月11日),胡适又写下了《杜威先生与中国》一文,称:"在最近的将来几十年中,也未必有别个西洋学者在中国的影响可以比杜威先生还大的。"其理由有二:一是"杜威先生最注重的是教育的革新",二是杜威先生"给了我们一个哲学方法,使我们用这个方法去解决我们自己的特别问题"④。为了表示对乃师杜威的思念之情,胡适将这年12月17日出生的小儿子命名为"思杜"。

杜威离开中国后,胡适一度在北大开设了"杜威著作选读"课。1921年10月27日他在日记中记道:"英

---

① 有关杜威与罗素在华的影响比较,参见张宝贵编著:《杜威与中国》,石家庄:河北人民出版社2001年1月版,第52—57页。
② 有关胡适与杜威在华期间的关系,参见元青:《杜威与中国》第五章《胡适与杜威实用主义》,北京:人民出版社2001年9月版,第216—253页。
③ 参见《胡适全集》第29册,合肥:安徽教育出版社2003年9月版。
④ 胡适:《杜威先生与中国》,《胡适文存》卷二。《胡适文集》第2册,第279页。

文作文,新设一科为'杜威著作选读'。我初限此班不得过三十人,乃今日第一次上课竟有六十余人之多。可惜去年杜威先生在此时我因病不能设此一科。"① 1925年胡适翻译的杜威《哲学的改造》第一章,以"正统哲学的起源"为题刊登于《晨报副镌》,后收入1934年商务印书馆出版的由他与唐钺合译的《哲学的改造》一书②。从五四前后胡适与杜威的个人关系可以看出,胡适不仅个人沉湎于杜威的实验主义思想,以之为自己治学和思想的向导;而且不遗余力地向国人介绍,成为实验主义在中国的最有代表性的传人。1920年代以后,随着实验主义的影响迅速扩大,它与其他在中国的西方思想流派也展开了争鸣,许多批评者把胡适所宣传的实验主义思想解读为"实用主义",这实际上既违背了胡适的本意,也不大切合杜威思想的本旨。在《实验主义》一文中,胡适明确地说明杜威的"Instrumentalism"哲学可译为"工具主义"(或"器具主义"和"应用主义"),而用"实验主义"作为一个类名来概况包括皮耳士的"Pragmaticism"、詹姆士的"Pragmatism"、失勒的"Humanism"和杜威的"Instrumentalism",以为这个名词"更能点出这种哲学所最注意的是实验的方法"③。

以后,胡适访问美国,每次旅经纽约,都要造访杜威。如1927年2月2日他去拜访杜威,日记中记道:

---

① 《胡适全集》第29册,第490页。
② 杜威著、胡适译:《正统哲学的起源》,载1925年2月22、23日,3月4、7、8、9日《晨报副镌》,后又收入1934年2月商务印书馆出版的《哲学的改造》(杜威著)第一章。
③ 胡适:《实验主义》,收入《胡适文集》第2册,第208—209页。

"我前回把讲演第二篇的草稿请他一读。他今天还我,很称赞此篇。他赞成我把此书写成付印。"①其态度与十年前相比,自然是大相径庭。抗战期间,胡适在美驻留时间达八年零七个月,与杜威的接触亦颇密切,并与当时担任杜威秘书(或助手)的 Robby 发生了情恋的关系②,杜威 87 岁时(1946 年 12 月)续弦,其新妇即为 42 岁的 Robby③。抗战期间,胡适身为驻美大使,重任在肩,政务倥偬,仍未忘情于他的哲学专业,写作了两篇研讨实验主义政治哲学的论文《工具主义的政治哲学》(The Political Philosophy of Instrumentalism)、《作为一种工具主义的政治概念》(Instrumentalism as a Political Concept),将实验主义的触角伸向了政治哲学领域。

1949 年 4 月胡适再次来到美国,在纽约落住后,他在拜访新老朋友、参加各种活动中,亦安排了拜访杜威的活动(6 月 7 日、10 月 13 日、10 月 20 日)④,这一段胡适的日记所记甚简,可见他的心态颇为不好,连自己的日课——日记也无心多记了。1952 年 6 月 1 日晚七点,杜威去世,享年 92 岁。晚八时半杜威夫人将这一消息通知了胡适,由此可见杜威太太对胡适的重视。当天胡适的日记写道:"杜威先生的思想,影响了

---

① 《胡适全集》第 30 册,第 482 页。
② 此段恋情考证,参见余英时:《重寻胡适历程:胡适生平与思想再认识》,台北:联经出版事业股份有限公司 2004 年 5 月版,第 76—92 页。周质平、陈毓贤:《多少贞江旧事——胡适与罗维兹关系索隐》,载 2005 年 7—9 月《万象》第 7 卷第 7—9 期。
③ 此说据唐德刚译注:《胡适口述自传》第五章《哥伦比亚大学和杜威》注 18,收入《胡适文集》第 1 册,第 279 页。
④ 参见当日胡适日记,《胡适全集》第 33 册,第 744、772、775 页。

我的一生。"① 胡适与杜威的实际交往到此划上了句号。

1952年冬天,胡适访问台湾,为纪念自己刚过世的老师,12月28日胡适在台湾省立师范学院发表了题为"杜威哲学"的讲演,在讲演开始,他回忆了自己与杜威的关系:

> 杜威先生是我的老师。我们39年来,不但是师生的关系,而且还是很好的朋友。他在60岁的时候在北平讲学;那时候我在北京大学,我替他做翻译。以后他到太原、天津、济南各地去讲学,我也替他做翻译。我们又继续几十年的朋友关系。他在北京过60岁生日的时候,我参加了;他过70岁生日的时候,我没有参加,因为他在国外,我在国内。到了1939年,他80岁的时候,我在美国做外交官,参加了他的生日庆祝;1949年,他90岁的时候,我在纽约也参加了他的生日庆祝。他今年夏天刚过去,算起来活了92岁多。②

他的演讲分两讲,第一讲介绍杜威先生的哲学思想,第二讲讨论杜威哲学思想在技术方面的运用。与33年前发表的那篇《实验主义》长文的观点对比,这篇演讲并没有提供什么新鲜的东西。1959年7月16日胡适在夏威夷大学发表了题为"杜威在中国"的英文演讲,作为杜威百年诞辰的纪念。这篇演讲回顾杜威在中国的经历时使用了《杜威夫妇信札集》(*Letters from China*

---

① 《胡适全集》第34册,第225页。
② 《胡适文集》第12册,第362页。

and Japan)的材料,并结合50年代中国大陆的"胡适大批判"谈了自己的感受,显然这与1921年7月发表的那篇几乎同题的文章——《杜威先生与中国》,调子大不相同,政治的色彩明显加强,正如冷战时代许多话题都被政治化一样,杜威与中国(包括与胡适本人)的关系也被蒙上了冷战的阴影。

四、胡适与母校哥大的来往

五四时期是中外文化交流比较热烈的一个阶段。除了上面我们所提杜威来华访问外,哥大师范学院还有一位著名教授孟禄亦来华访问。1921年9月5日孟禄来华访问,为时四个月。12月17日到第二年1月初在北京访问,他的学生陶行知随行,胡适为孟禄在京的讲座担当口译,计有:"教育在政治上社会上的重要"(1921年12月23日在美术学校讲)[①]、"大学之职务"(1921年12月24日在北京大学讲)[②]、"教育之社会的和政治的涵义"(1921年12月下旬)[③]、"大学之职务"(1922年1月初在北大讲)[④]。孟禄在华讲学及其教育调查对中国教育影响至大,陶行知当时即有如是评价:"此次博士来华,以科学的目光调查教育实

[①] 《教育在政治上社会上的重要》,载1922年2月《新教育》第4卷第4期。
[②] 《大学之职务》,载1922年2月《新教育》第4卷第4期。
[③] 《教育之社会的和政治的涵义》,载1921年12月30日上海《民国日报·觉悟》。
[④] 《大学之职务》,载1922年1月3日上海《民国日报·觉悟》。

况,以谋教育之改进,实为我国教育开一新纪元。"①

也许是杜威的中国之行对胡适在新文化运动中的个人声誉留下了深刻印象,哥大方面对胡适开始刮目相看。1920年9月4日,胡适在日记中写道:

> Greene 来信,托我为 Columbia 大学觅一个中国文教授,我实在想不出人来,遂决计荐举我自己。我实在想休息两年了。
>
> 今天去吃饭,我把此意告他,他原函本问我能去否,故极赞成我的去意。我去有几件益处:(1)可以整顿一番,(2)可以自己著书,(3)可以作英译哲学史,(4)可以替我的文学史打一个稿子,(5)可以替中国及北大做点鼓吹。②

1922年2月23日哥大的聘书果然寄来了,但胡适又改变了主意。日记中这样写道:

> 哥伦比亚大学校长 Nicholas Murray Butler 正式写信来聘我去大学教授两科,一为中国哲学,一为中国文学。年俸美金四千元。此事颇费踌躇。我已决计明年不教书,以全年著书。若去美国,《哲学史》中下卷必不能成,至多能作一部英文的《古代哲学史》罢了。拟辞不去。③

哥大方面给胡适的待遇不薄,这也为胡适获取博士学位埋下了伏笔。

---

① 转引自朱泽甫:《陶行知年谱》,合肥:安徽教育出版社1985年2月版,第29页。
② 《胡适全集》第29册,合肥:安徽教育出版社2003年9月版,第203页。
③ 同上书,第523页。

1927年胡适第二次赴美,在美停留三个月时间。这次哥大特意邀请胡适在该校作了九次讲演,其中六次对中文系,三次对一般听众①。1927年1月11日胡适到纽约后的第三天(14日)在给韦莲司的信中对这次哥大安排的演讲活动有详细说明:

> 我切盼望能尽早到绮色佳去,但头十天我必须待在哥伦比亚大学的图书馆里。哈佛和哥伦比亚都请我去演讲,在我离开英国以前,我已经回绝了哈佛的邀请;但我无法很妥善的回绝哥伦比亚,因为我曾被迫取消一系列已经公布了的演讲,我觉得应借这次来此地的机会补过。所以我答应在文学院给三个适合一般听众的演讲,在中文系讲六次。这些演讲安排在2月4日至17日。〔中文系〕的六次演讲是讲"中国哲学中的六个时期"。因为身边没书,我将在哥伦比亚中文图书馆写讲稿。现在我接受了哥伦比亚的邀请,我也许就得到哈佛重复这些演讲。②

在纽约,胡适的日程排得很紧,以致于他无法立即分身去绮色佳见他的情人和师友,他给韦莲司的随后两封信不得不解释这一点,

> O. G. Guerlac教授请我去康奈尔给个演讲,我请他尽可能的安排在3月第一个星期二星

---

① 参见富路得教授(Luther Currington Goodrich)致夏志清信(1978年8月15日),收入夏志清:《胡适博士学位考证》,载1978年11月台北《传记文学》第33卷第5期。

② 周质平编译:《不思量自难忘——胡适给韦莲司的信》,第158页。

期三。

从目前情形看来,我几乎可以确定,我无法在周末离开纽约。所以我的结论是要哥伦比亚和哈佛讲座结束以前再去绮色佳就好得多。2月份的周末已经全安排了去访问纽约和剑桥附近的大学。

我实在很想尽快去绮色佳。恐怕行期的一再延后让你们很失望。但是要想摆脱工作真不容易;光是回信就用掉我一天许多时间,而我总得工作到深夜。①

胡适在哥大的演讲内容和效果如何?其详细情形,我们没有直接材料。但从他演讲完后给韦莲司的信可见一斑:

过去几天,我忙得竟然连写一封短信,回复你10日来信〔的时间〕都没有。……

我在此写完讲稿以后,会把讲稿寄给你。目前我只有关于哲学的讲稿。那些为一般听众所做演讲的讲稿,还没写好。……

多谢你寄剪报来。Guerlac教授和Sampson也寄了同样的剪报来。对那些高度的称赞我真不敢当。

昨晚,我在大风雪中离开纽约,暴风雪还在加强。往后12天,我有16次演讲,其中有两次是星期六、星期天(2月26日、27日)在纽约!

---

① 周质平编译:《不思量自难忘——胡适给韦莲司的信》,第158页。

看得出来,对胡适演讲的反应是很热烈的。否则,不会有三位美国朋友同时将他们看到的有关报道迅速反馈给胡适。唯一遗憾的是,胡适为准备这些演讲所写的讲稿,不知今天存在何处。迄今出版的《胡适英文文存》和《胡适全集》都未见收入这些讲稿。胡适本来想利用这些讲稿,"预备将来修正作一本英文书",并称"我的《哲学史》上册,先作英文的《名学史》。今又先作英文的全部《哲学小史》,作我的《新哲学史》的稿子,也是有趣的偶合"①。这个想法一直延续到胡适的晚年,1944年11月至1945年5月胡适在哈佛大学讲授"中国思想史",课程完备时,胡适亦曾打算将讲稿整理成书,1945年5月21日他致信王重民说:"此间教课,每讲都有草稿,用'拍纸'写。夏间想整理成一部英文《中国思想史》。"②50年代初,胡适读到1948年由美国麦克米兰公司出版的冯友兰著英文本《中国哲学简史》(*A Short History of Chinese Philosophy*),颇感不快。胡、冯两人先后在哥大留学,同学一个专业,又同治中国哲学史,故人们喜欢将他俩进行比较,胡、冯两人从此成为一对学术"冤家",在行家的眼里,冯大有后来居上的势头。当胡适收到普林斯顿大学"Special Program in the Humanities"主席 Prof Whitney J. Oates 的来信,提名他为 Alfred Hodder Fellowship 之候选人,他即打算"把《中国思想史》的英文简本写定付印"③。究竟是这一计划未付诸实现,还是因胡适本人

---

① 《胡适全集》第30册,第481页。
② 《致王重民》,载《胡适全集》第25册,第135页。
③ 《胡适全集》第34册,第5页。

另有其他工作,我们最终还是没有看到他的英文本《中国思想史》付梓,这大概是胡适晚年所抱憾的未能完成的两三部书之一吧!

1927年胡适的美国之行,不仅加强了胡适与哥大等美国大学之间的关系,且大大增加了他在美国的知名度。胡适回国后,美国方面及在华的英文报刊明显加强了对胡适动态的追踪和报道。1928年10月2日芝加哥大学邀请胡适第二年春赴该校"哈斯克讲座"演讲,主题是"儒家思想的现代趋势",另开设一门"中国哲学史"课程,报酬是两千美金①。胡适似乎没有多想,很快就回复谢绝了这一邀请②。1930年1月28日胡适又收到芝加哥大学的再次邀请和耶鲁大学的访学邀请,芝加哥大学的聘金提高到3500美金③,由于这时胡适与国民党当局关系颇为紧张,胡适有意离开中国公学和上海,故对这一邀请有所心动,并在1930年2月5日发电报给芝加哥大学,表示愿意接受哈斯克讲座④。外界报纸甚至公布了胡适即将辞去中国公学校长一职,"出洋"去美国芝加哥大学、耶鲁大学讲学的消息⑤。但这项计划事实上推迟到1933年6月才成行(后取消了去耶鲁大学的行程),其中原因可能是胡适又一次改变了主意——先北上赴北京大学

---

① 英文邀请信参见《胡适全集》第31册,第268—269页。
② 胡适回复芝加哥大学方面的英文信,参见其1928年11月4日日记,收入《胡适全集》第31册,第271—272页。
③ 参见《胡适的日记》(手稿本)第九册,1930年1月28日日记及所附英文信。
④ 参见《胡适全集》第31册,第606、607页。
⑤ 参见1930年老2月8日胡适日记所附剪报,收入《胡适全集》第31册,第608页。

任教。

1928年至1929年间,胡适与《新月》同人就人权问题,与国民党当局发生了论战。对这场论战,外界舆论亦颇为关注。1929年6月21日《华北日报》(The North China Daily)以"中国需要法"(The Need of Law in China)专文介绍了胡适的《人权与约法》一文①。8月31日《纽约时报》刊载了《钳制中国说真话的人》(Muzzling China's Truthteller)的报道,明确表达了支持胡适的声音:"作为中国新文学运动的领导者,作为中国最杰出的思想家,当他冒险向老百姓讲真话时,他的言论不应被钳制,应该让老百姓听到他的声音。"②9月9日《时代》周刊(Time)第XIV卷第11期以《叛国者胡适》(Traitor Hu)为题报道国民党当局对胡适的"围剿"和封杀,9月12日(星期四)《中国每日新闻》(China Daily News)则刊载了《我们什么时候才可有宪法》的英译文③。因人权论战的问题,胡适与国民党关系非常紧张,身处险境,哥大方面注意到这一事态的发展,中文系代理行政官(Acting Executive Officer)富路德(L. C. Loodrich)1929年11月4日致信Lovejoy先生,特别提到胡适与国民党当局展开的人权论战,因此国民党中央训练部命令教育部警告胡适,他要求《哥大校友通讯》(Columbia Alumni News)报道这一事件

---

① 参见《胡适的日记》(手稿本)第八册,1929年6月23日英文剪报。
② 参见胡适1929年10月10日日记所附英文剪报,收入《胡适全集》第31册,第515页。
③ 参见《胡适的日记》(手稿本)第八册,1929年10月13日英文剪报。

(见附件三):

>亲爱的莱佛杰尔:
>
>　　在1929年9月28日出版于北京的《中国周刊》,有一个标题大意是国民党中央训练部门命令教育部警告胡适博士,其因是他涉嫌反政府的文章。
>
>　　正如你毫不怀疑的知道,胡适博士1917年在这完成他的博士论文,但他直到1927年递交了100份他的博士论文印本才获得博士学位。他是今天中国二三分之一中最杰出的学者。我有一篇他批评政府的文章,也许你有兴趣,如果你想在《哥大校友通讯》提到它的话。
>
>　　他是最近获得哥大奖章的人之一(以上为铅印,此句为书写体,——作者注)。

也就是在这一年,哥大给予胡适一枚奖章(Medal),这是对毕业校友的一个荣誉奖励。

1933年7月,胡适应芝加哥大学哈斯克讲座(Haskell Lecture)之邀第三次赴美访问。讲座结束后,胡适曾在纽约做短暂停留。9月14日他会见了杜威,称:"他看起来极健康,极有精神。又极慈祥,极快乐!"① 并在当天由国际教育研究所举办的有关教育的讨论中,坐在哥伦比亚教育学院院长罗斯尔(Russell)的旁边,与他讨论了Becker的新书,后者"认为这本书

---

① 周质平编译:《不思量自难忘——胡适给韦莲司的信》,第183页。

的风格代表最佳的英语写作"①。1936年胡适第四次去美访问。此行未见他提及去哥大的纪录,但他九十月份经过纽约,并在纽约发表过演讲②。

1938年10月,胡适上任驻美大使,当时美国各大报刊对这一消息都及时做了报道,并在介绍胡适时,无不提到他在哥大留学和取得博士学位的经历。12月5日,胡适因演讲过累,患上了心脏病,随即住院达77天之久(1938年12月5日—1939年2月20日),在此期间,哥大校友总会(Alumni House, Columbia University)CharenceE. Lovejoy先生的私人秘书 E. W. Phillip女士曾于1939年1月3日、6日两度给中国驻美大使馆去信,并附去了一份他们所写的胡适小传,要大使馆方面给予确认(见附件四),这份材料也许是为给胡适颁发荣誉博士学位而准备的。1939年1月27日出版的《哥大校友通讯》(*Columbia Alumni News*)第30卷第8期封面刊登了胡适的标准照。在关于这张封面照的说明中如是写道:

> 哥伦比亚有一位中国外交界的显赫人物,他就是去年9月新近被任命为中国驻美大使的胡适。他1927年获得哲学博士学位,1929年获得大学奖章。他开始在美国的科学训练是在农学,但很快意识到中国需要文学和哲学,就像中国特别需要科学农业。所以改换了他的专业,成为了中国文学革命的领袖,他称哲学是他的职业,文学

---

① 周质平编译:《不思量自难忘——胡适给韦莲司的信》,第184页。

② 参见胡不归:《胡适之先生传》,收入《胡适传记三种》,合肥:安徽教育出版社2002年3月版,第103页。

是他的爱好。他是一名编辑、演讲家,他在战争期间结婚,有两个儿子(见附件五)。

1939年5月胡适的《藏晖室札记》出版,胡适将此书分赠给美国一些相关的朋友和机构,其中包括哥伦比亚大学。胡适在1939年5月17日给韦莲司的信中提到了此事,并告哥大和芝加哥大学将授予他法学博士(荣誉学位)。哥大校长Day先生为了照顾胡适,还特意邀请胡适去他家休息①。1939年6月6日哥大毕业典礼给胡适授予荣誉法学博士学位(L. L. D),富路德教授(Prof Goodrich)是胡适的"傧相"(Escort),这是胡适任驻美大使后所得的第一个荣誉博士学位②。

胡适卸任大使后,闲居在纽约。1943年10月3日胡适曾到哈佛大学为美国陆军训练班(The School of Overseas Administration at Harvard)作了六次关于中国历史文化(The Historical Culture of China)的讲演③。一年后胡适又应邀在哈佛作为期半年多的讲学(1944年11月至1945年6月),讲授课程是"中国思想史"④。随后又应邀在哥伦比亚大学讲授了一个学期的"中国思想史"课,1945年9月22日《纽约时报》发表了一则"中国教育课程"的简短新闻:

哥伦比亚大学校长巴特莱博士(Dr. Nicholas

---

① 周质平编译:《不思量自难忘——胡适给韦莲司的信》,第239—240页。
② 《胡适全集》第33册,第227页。
③ 1943年10月3日胡适日记,收入《胡适全集》第33卷,第522页。
④ 胡适在哈佛大学讲学始迄日期,参见1944年11月6日胡适日记,《胡适全集》第33卷,第545页。《致王重民》1945年5月21日,《胡适全集》第25卷,第135页。

Murray Batler)昨天宣布:曾于1938—1942年任中国驻美大使的胡适博士,将在哥伦比亚大学来临的冬季学期(Winter session)讲授中国思想史课程(见附件六)。

1946年1月25日胡适在日记中写道:"今天在Columbia University作最后一次讲演。全班学生送我一册 The Columbia Encyclopedia 作纪念。"① 胡适结束在康乃尔大学的"先驱讲座"(Messenger Lectures,1946年2月4日至15日,共六讲)后,遂决定不再接受美国大学的讲学邀请,由哥伦比亚大学国际委员会安排,1946年2月20日(星期三)晚上8点,胡适在哈克利斯学术剧院向哥伦比亚大学观众做了一场题为"中国的明天"的讲演。为搞好这次活动,校方做了一个介绍胡适的大广告,在广告中特别提到,这是胡适即将回国就任北大校长前最后安排的活动之一(见附件七)。动身返国前夕,哥大中国委员会(The Chinese Committee of Columbia University)特送一支票给胡适,由他"支配使用,供北京大学教职员工或学生急需之资金"②。

1949年4月胡适再次来到美国,与上次在美到处活动的情形形成反差,这次胡适与外部的接触明显减少。1953年美国著名画家Grace Annette Du Pre为胡适画了一幅肖像,该画家有一工作室在国家艺术俱乐部,它坐落在纽约第15多谢公园(15 Gramercy Park)。为此,罗贝卡(Gustave J. Noback)于1953年5月14日还特意给哥大校长柯克(Grayson Kirk)写了一封信(附

---

① 《胡适全集》第33册,第559页。
② 同上书,第583页。

件八)。关于这幅画的命运,唐德刚先生在他的《胡适杂忆》中有一小小的故事:

> 另一次,有人替胡先生画了一张油画像。胡氏亦以父兄家长的身份送给了哥大中文图书馆。按理这幅画像是应该挂起来的。孰知它一入哥大,便进了地下室烂书堆,无人理睬。1962年东亚馆迁入了一座八楼大厦,地方十分宽敞,大楼四壁空空。我要把这幅像挂于阅览室,当时有人反对说:"哥大向不挂生人照片的!"我说:"胡适也活不了多久了!"这样这幅油画才有礼无让地挂了出去,这可能是今日海外唯一的一张挂出来的胡适油画像了。①

1954年4月13、14日胡适出席哥大二百周年纪念会,发表题为"古代亚洲的权威与自由的冲突"的英文演讲,该演讲稿收入《庆祝哥伦比亚大学二百周年国际会议论文集》第一集②。作为该校的名校友,胡适亦常常出现于校内的各种校庆活动和集会活动,或坐在会议的嘉宾席上③,当时哥大对胡适仍是相敬如宾,以礼相待。

50年代,胡适与哥大最重要的合作是他在哥大东亚研究所中国口述历史部做口述自传。当时,移居美

---

① 唐德刚:《胡适杂忆》(增订本),上海:华东师范大学出版社1999年1月版,第8页。

② Hu Shih, Authority and Freedom in the Ancient Asian World, In Man's Right to Knowledge: An International Symposium Presented in Honor of the Two Hundredth Anniversary of Columbia University. First Series: Tradition and Change. New York: H. Muschel, 1954. pp. 40—45. 收入周质平主编:《胡适英文文存》第3册,第1377—1381页。此文的意旨在胡适1954年的一篇题为《中国古代政治思想史的一个看法》的中文演讲中有所发挥。

③ 唐德刚:《胡适杂忆》(增订本),第5页。

国的中国国民党要人及其他名人颇多,在纽约一带做"难民"或"寓公"的中国"名人"更是"车载斗量"。1957年初哥大东亚研究所中国口述历史部"试办成立",主持这项工作的是治中国近代史的韦慕庭教授,他负责向福特基金会、美国联邦政府以及其他方面筹集资金,具体工作人员为夏连荫和唐德刚。夏女士最早的访问对象是孔祥熙、陈立夫,唐德刚的访问对象则是胡适和李宗仁①。胡适本是"传记文学"的提倡者,1956年冬唐德刚与他见面提起这一计划时,胡适大为兴奋,"谈了一整晚他自己的'传记'或'自传'写作应当采取的方式"②。与唐德刚先生后来整理的《李宗仁回忆录》、《顾维钧回忆录》的风格明显不同,《胡适口述自传》的篇幅较短,除了对胡适的早期生活和学术思想有较详细的述说外,对其生平事迹的交待着墨并不多,故篇幅相对也较小。由于胡适本人精于"自传"这样一种传记文学体裁,并有过自身的实践,显然这样一种写法是他自己有意设计的结果。而李宗仁、顾维钧的回忆录则有唐德刚先生"导演"的成分在内。也就是说,李、顾二人是被唐先生"牵着鼻子走",而《胡适口述自传》则是胡说唐记,并经胡适"查阅认可"③,性质可谓大不相同。作为这项工作的成果——英文稿

---

① 有关哥大东亚研究所中国口述历史部的初期情形,参见李宗仁口述、唐德刚撰写:《李宗仁回忆录》下册,上海:华东师范大学出版社1996年版,第786—787页。

② 有关《胡适口述自传》的工作情形,参见唐德刚:《胡适杂忆》(增订本),第203—223页。

③ 唐德刚译注:《胡适口述自传·写在书前的译后感》,载《胡适文集》第1册,第171页。另见《胡适口述自传》第三章《初到美国:康乃尔大学的学生生活》,载《胡适文集》第1册,第220页。

的《胡适口述自传》,后经唐德刚先生译注,曾于1977年8月至1978年7月连载于台北《传记文学》,并于1981年2月由传记文学出版社结集出版。

胡适在纽约做"寓公"时,有时也往哥大中文图书馆阅览,发现这里中文图书因经费拮据,收藏十分有限。为此,他与在图书馆工作的唐德刚商量了半天,以求解决之途。当唐告知他,哥大中文图书馆每年经费只有200美元时,胡适立即表示要找几个有钱的校友(如顾维钧之类)捐两千块钱给哥大购买中文图书,以解决这一问题。后来果然有一位"无名氏"捐了两千元①。1960年5月8日《纽约时报》发表了一则题为"胡敬赠哥伦比亚"(HU HONORS COLUMBIA)的消息。内称胡适赠给哥大东亚图书馆25卷他的中文著作,另附一册罗尔纲的《师门五年记》。为了胡适这样一份赠礼,哥大新闻办公室还特别准备了一份供各大媒体报道的详细新闻稿(见附件九)。

从胡适与母校哥大的上述密切来往可以看出,胡适这样一位曾在该校留学的中国学生对哥大始终抱有深厚的感情,而哥大也对胡适给予了相应的礼遇,双方的关系可以说是融洽的,它构成哥大与中国学术文化交流的精彩一章。有的论者以哥大推迟十年授予胡适博士学位来说明二者之间的恩怨难解,其实是一种误会。正如胡适在中国的地位在新文化运动以后如日中天一般,他在美国(当然包括母校哥大)的份量可以说也是与日俱增,从1922年哥大邀请他任教,到1929年授予他荣誉奖章,再到1938年给他颁发荣誉法学博士

---

① 唐德刚:《胡适杂忆》(增订本),第8页。

学位证书,我们可以见证这一点。哥大这样做,显然也是符合美国大学对待一个杰出校友的通常惯例。

五、胡适:哥大的一位杰出校友

哥伦比亚大学是美国长春藤大学,胡适是中国著名学者。据袁同礼统计,截至1960年止,哥大授予华人博士学位人数位居全美各校之冠,但是据哥大所提供的正式名单,则退居第二,共203名(伊利诺大学第一名,共204名)①。在哥大获取博士学位的名单中,除了本文主人公胡适以外,其他著名人士还有陈焕章(1911年)、严鹤龄(1911年)、顾维钧(1912年)、郭秉文(1914年)、马寅初(1914年)、蒋梦麟(1917年)、金岳霖(1920年)、侯德旁(1921年)、蒋廷黻(1923年)、冯友兰(1924年)、潘序伦(1924年)、吴文藻(1928年)、唐敖庆(1949年)等。在此有过就读或研修经历的中国留学生,则可列出一份更长的名单,如唐绍仪、钟荣光、陶行知、张奚若、张伯苓、任鸿隽、孙科、宋子文、俞庆棠、徐志摩、任鸿隽、许地山等,据蒋廷黻回忆,1919年在哥大的中国留学生约有150名②,另一位于1915—1919年曾在哥大留过学的陈鹤琴则将此数字提高到300人之多③,唐德刚亦说二战后哥大的中国留学生有三百余人,1949年以后才骤

---

① 参见唐德刚:《胡适杂忆》(增补本),第40页。
② 《蒋廷黻回忆录》,长沙:岳麓书社2003年9月版,第76页。
③ 陈鹤琴:《我中了杜威实用主义反动教育思想的三枪》,原载1955年2月28日《文汇报》,收入《资产阶级教育思想批判》第1集,北京:文化教育出版社1955年10月版,第179页。

减①，足见中国留学生在此校之盛。如以留美学生对中国影响最大的大学排列，在胡适生活的年代，哥大的中国留学生无疑可位居首位。

哥大留学生对现代中国的影响，主要是在教育和思想这两方面。在教育方面，据统计，1991年上海教育出版社出版的《教育大辞典》第十卷介绍中国近现代教育家，计有265人，其中有留学经历的142人，留美学生78人，而哥大就有34人②。1922年中国实行学制改革，采取的即是美国模式（小学六年，初中三年，高中三年，大学四年），杜威与他的哥大中国留学生胡适等对此可以说起了关键作用③。在思想方面，美国哲学在西方近现代哲学史的地位很难与德国、英国，甚至法国比肩，但哥大出身的胡适、冯友兰、金岳霖三人，他们为中国现代哲学的构建却发挥了任何其他国别的中国留学生所无法比拟的特殊作用，其成就已为学界所公认，在此不必赘述。

评估中国留美学生（包括哥大的中国留学生）对现代中国的影响，有形迹可循。而捕捉中国留学生群体在美国的影响力则不易，如以个人影响而论，胡适当是第一人，这不仅从他在美所获得的31个荣誉博士学位可以证明，而且从美国方面的报刊对他逝世的反应也可看出这一点。1962年2月24日胡适逝世时，美国许多报刊迅即刊登消息、发表文章介绍胡适生平，深

---

① 参见唐德刚：《胡适杂忆》（增订本），第5页。
② 参见陈平原：《老北大的故事》，南京：江苏文艺出版社1998年3月版，第182页。
③ 参见张宝贵编著：《杜威与中国》，载《杜威在华经历·教育改造的设计师》，石家庄：河北人民出版社2001年1月版，第45—52页。元青：《杜威与中国》，第250—253页。

切悼念这位为中国新文化的发展,为中美关系的发展,为中美文化交流做出巨大贡献的杰出学人。这些报刊文章值得一提的有:1962年2月24日巴尔迪摩(Baltimore, MD)的《太阳报》(Sun)发表的《一度出任驻华盛顿大使的胡适博士逝世》(Dr. Hu Shih, Once Envoy to D. C, Dies),2月25日纽约的《预示论坛》(Herald Tribune)发表的《胡适博士去世:二战时任驻美大使》(Dr Hu Shih Is Dead; War II Envoy to U. S),2月25日纽约《美国杂志》(Journal American)发表的《中国前任驻美大使胡适终年71》(Hu Shih, China Ex-Envoy, 71),2月25日的纽约《纽约时报》(New York Times)发表的《哲学家胡适去世,终年70》(Dr. Hu Shih Dead; Philosopher, 70),2月25日纽约的《镜子》(Mirror)刊登的《前任驻美大使、文学领袖胡适博士在台北去世》(Dr. Hu Shih Dies in Taipei; Ex-Envoy, Literary Leader),2月27日《时代》周刊(Time)发表的《中国学者》(Chinese Scholar)等。

哥大方面为表达对这位杰出校友的深切怀念,则专门设立了"胡适奖学金"。1963年10月6日《纽约时报》刊登了这一消息,宣布这年9月在哥大设立了胡适研究生奖学金,它由胡适纪念基金设立,以奖励那些在哲学、历史、文学领域的学者(见附件十)。在此之前,在康乃尔大学和哥大已设立了胡适大学生奖学金。担任基金会会长的是罗格尔曼先生(Harold Riegelman),他是胡适1914年在康乃尔大学的同班同学。哥大"胡适奖学金"的设立,可以说是该校对胡适去世的最高纪念。

附件一：1927年3月21日，胡适博士学位注册表

Name on Commencement Program Hu Shih

Name: Suh Hu

In residence: 1915-16
             1916-17

Ph. D. Degree conferred Mar. 21, 1927

Title of essay:

Title of dissertation: The development of the logical method in ancient China

REMARKS (could not locate Ph.D. Application Blank in June apl group - 4/19/44)

(notice of 100 copies of Diss. rec'd by Library filed with old group in vault - 4/19/44)

NON-PROFESSIONAL GRADUATE FACULTIES

欧阳哲生讲

胡适

國立北京大學
NATIONAL PEKING UNIVERSITY
PEIPING CHINA

胡適字適之，安徽績溪縣人，1891年十二月生。
上海 梅溪學堂肄業，澄衷學堂肄業，中國公學肄業，
　　中國新公學肄業。
1910（宣統二年）考取第二屆留學美國官費。
1910—15，在 Cornell 大學，得 B.A. 學位（1913？
1915—17，在 Columbia 大學，得 Ph.D學位。
1917—歸國。任北京大學哲學教授，後兼文科主任。
1926—27，遊歷歐美。
1928—1930，吳淞中國公學校長。曾任東吳大學法科
　　及光華大學中國哲學史講席。
1930—回北平，任中基會編譯委員會會長，兼任北大教授
1932—1937，北大文學院院長兼中國文學系主任。
1933—遊美國，在 Chicago 大學擔任 Haskell 講演。
1936—遊美國，參加 Harvard 大學三百年紀念盛典。
1937—1938，奉政府升派思想訪問先生同去美國，考察歐
　　美各國對我國抗戰的態度。
1938 夏間在歐洲，受派美大使的任命。
1938十月至1942九月，任駐美大使。
1944—45，在 Harvard 大學教授中國思想史。
1945—1946在 Columbia 大學教授中國思想史（一學期）。
1946，二月在 Cornell 大學擔任 Messenger 講演。
1945 九月政府發表為北京大學校長。
1946 七月回國。七月底到北大。
名譽學位：
　Litt.D.　（Harvard　等大學）
　LL.D.　（Columbia, Yale, Chicago　等大學）
　D.C.L.　（Oxford　等大學）

附件二：1946年7月，胡适任北京大学校长所填履历表

Columbia University
in the City of New York

DEPARTMENT OF CHINESE

LOCAL

November 4, 1929

RECEIVED NOV 5 1929

REFERRED TO.........................
FOR DATA AND RETURN TO.........
FOR REPLY.........

Mr. C.E.Lovejoy,
110 Library.

Dear Mr. Lovejoy:-

In the September 28, 1929 number of the "WEEK IN CHINA", published in Peking, there is an item to the effect that the Central Training Department of the Kuomintang has ordered the Ministry of Education to "ban Dr. Hu Shih as a result of his allegedly anti-governmental articles."

As you doubtless know, Dr. Hu completed his work for the doctorate here in 1917, but did not receive the degree until 1927 on the submission of printed copies of his dissertation. He is one of the two or three most prominent scholars in China today. I have one of his articles, criticizing the Government, which may be of interest to you if you want to make mention of it in the Columbia Alumni News.

He is one of those recently awarded a medal by CM.

Sincerely yours,
R.C. Goodrich
Acting Executive Officer

附件三：1929年11月4日，富路德给Lovejoy的信

欧阳哲生讲
胡适

CHINESE EMBASSY
WASHINGTON, D. C.

RECEIVED

January 6, 1939

Mr. Clarence E. Lovejoy
Alumni Federation of Columbia University
Alumni House, Columbia University
New York, N.Y.

Dear Sir:

    In the absence of the Ambassador who is still in the hospital, we are sending you, herewith, his biographical sketch, as requested in your letter of January 3rd and which we trust will prove satisfactory for the purpose mentioned in your letter under acknowledgment.

                      Yours very truly,

                      (Mrs.) E. W. Phillips
                      Private Secretary.

Enclosure.

附件四：1939年1月6日，E.W.Phillip给中国驻美大使馆的信

COLUMBIA ALUMNI NEWS

Hu Shih
'27PhD, '29Univ. Medal

JAN. 27, 1939
VOL. 30, NO. 8

THE FRONT COVER

Columbia has a lion's share of China's foreign dignitaries. Newest of these is Hu Shih, '27PhD, '29Univ. Medal, appointed Chinese ambassador to the United States last September. He started his American academic training in agriculture but quickly decided that China needed literature and philosophy just as much as scientific farming, so changed his courses and became a leader in the nation's literary revolution. He calls philosophy his life work and literature his hobby. An editor and lecturer, he was married during the war and has two sons.

附件五：1939年1月27日，《哥大校友通讯》第30卷第8期封面刊登的胡适标准照及其说明文字

N.Y. Times
Sept 22, 1945

Course on Chinese Taught

Dr. Hu Shih, who was Chinese Ambassador to the United States from 1938 to 1942, will give a course on the history of Chinese thought during the coming winter session at Columbia University, Dr. Nicholas Murray Butler, president of the university, announced yesterday.

附件六：1945年9月22日，《纽约时报》发表的一则关于胡适在哥大讲授"中国思想史"课程的新闻

Columbia University
New York 27, N.Y.
University 4-3200, Ext. 398   FOR PAPERS OF WEDNESDAY,
Robert Harron, Director   FEBRUARY 20 1946

    Dr. Hu Shih, distinguished Chinese scholar and former ambassador to the United States from China, will speak to a Columbia University audience on "China Tomorrow" in the Harkness Academic Theater tonight (Wednesday) at 8 o'clock.

    The talk, which was arranged by the International Committee of Columbia University, will be one of the last made by Dr. Hu in this country before returning to China in April to assume the presidency of the University of Peking.

    Dr. Hu, who has played a leading role in the renaissance of Chinese literature, holds several honorary degrees from ranking universities in this country and is a leading member of the American Philosophical Society and the Institute of Pacific Relations. He is author of "The Development of Logical Method in Ancient China" and "The Chinese Renaissance."

    Nathaniel Peffer, professor of international relations, will act as clarifier of the panel discussion which will follow Dr. Hu's talk.

* * *

欧阳哲生讲
胡 适

附件七：1946年2月20日，哥大为胡适所作
"中国的明天"的演讲发布的广告

欧阳哲生讲 胡适

> Noback
> 3 Copies to Miss Brown
> 5/28/53

University of Puerto Rico
School of Medicine
School of Tropical Medicine
SAN JUAN 22, PUERTO RICO

DEPARTMENT OF ANATOMY

May 14, 1953

Portrait rec'd in
Low Aviat. from President
GKir 6/5/53

Dr. Grayson Kirk
Columbia University
116th. St. and Broadway
New York City

Dear President Kirk:

The portrait of Hu Shih by Grace Annette Du Pré is ready to be delivered to Columbia University.

It is in Grace Du Pré's Studio at The National Arts Club, 15 Gramercy Park, New York City.

If you will kindly drop her a line as to where it should be delivered she will see that it is taken there.

I am happy that the portrait will be in such good hands and in so appropriate a setting.

With warm regards

Sincerely,

Gustave J. Noback

附件八：1953年5月14日，Gustave J. Noback
给哥大校长柯克(Kirk)的信

News Office
Columbia University
New York 27, New York
UNiversity 5-4000, Ext. 886   FOR USE ON SUNDAY, MAY 8

John Hastings, Director

Dr. Hu Shih, Chinese philosopher, historian, and writer and currently director of Academia Sinica of the Republic of China, has given the East Asiatic Library at Columbia University a set of twenty-five volumes of his own Chinese writings in a new edition recently published in Taiwan.

Dr. Hu received the degree of Doctor of Philosophy from Columbia University in 1917. In the same year he began his long association with National Peking University, of which he was chancellor from 1945-1949. The association was interrupted while he served as Ambassador to the United States from 1942-1945 and terminated when he left mainland China upon the establishment of the People's Republic of China by Mao Tse-tung.

Dr. Hu's writings have always been sought after by readers, Chinese and Western alike, especially because of his leadership in the literary revolution of China and the publication in 1919 of his history of Chinese philosophy.

Many of the works in his gift contain new prefaces written especially for this edition. To the volume on ancient Chinese philosophy he has added eight pages acknowledging errors he made in the earlier version and commenting on the disagreement between him and Feng Yu-lan, another eminent Chinese philosopher who received his doctorate from Columbia University in 1924 and who elected to continue his residence in Communist China.

-more-

Fellowship at Columbia Set Up to Honor Hu Shih

TIMES 6-10-63

A graduate fellowship has been established at Columbia University by the Hu Shih Memorial Fund beginning in September.

The fund's aim is to memorialize Dr. Hu, a Chinese philosopher and diplomat, through scholarships and fellowships in philosophy, history and literature. The fund has set up scholarships at Cornell University and Columbia. Harold Riegelman is president of the fund. He and Dr. Hu were classmates in 1914 at Cornell. Dr. Hu received his doctorate from Columbia in 1917.

Dr. Hu was chairman of the Academia Sinica, Nationalist China's top research institute, when he died at the age of 70 in 1962. He was credited with modernizing Chinese writing. He had represented the Chinese Nationalist Government in Washington and was a member of the Chinese delegation to the San Francisco conference that established the United Nations.

附件十：1963年10月6日，《纽约时报》刊登的一则"哥大为纪念胡适设立奖学金"的新闻

第四章

中国近代学人对哲学的理解

——以胡适为中心

欧阳哲生讲
胡适 Hu Shi

"哲学"一词对中国学人来说，是舶来之语。哲学这一学科也是在近代中、西学术的冲突与交融中逐渐构建并发展起来的。中国学人对哲学的理解与认识经历了一个从引进外来术语，到理解诠释，再到确立自身的哲学体系的过程。追溯中国学人对哲学的认识过程，可以帮助我们把握中国近代哲学学科的建设思路及其某些特点，对新世纪中国哲学的学科建设不无裨益。

一、从王国维到蔡元培：
西方"哲学"观念的输入

哲学(Philosophy)一词非中国所本有,而是一外来名词,它源自古代希腊,原意为"爱智"。近代中国在引进、传输"西学"的过程中,译介 Philosophy 时先后出现过两个中文译名:"智学"和"哲学"。"智学"译名大约出现于19世纪七八十年代,西方传教士花之安、李提摩太等在介绍西方学校的分科制度时,都提到了"智学"一词①。中国士人接受了传教士的影响,彭玉麟在1883年所写《广学校》一文亦提到仿效欧洲学校设"大学院",分经学、法学、智学、医学四科。"智学者,讲求格物性理,各国言语语文系统之事。"②1896年严复翻译的《天演论》,将 Philosophy 直译"斐洛苏非(译言爱智)"③,提到希腊哲学家时,或曰"智学家"、或称"理家"、或略"诸智"。可见,中国学人最初对 Philosophy 的理解与西方的本意并无区别,其所取译名也明显是直译。

"哲学"译名最早出现于1887年(光绪十三年)黄遵宪撰就的《日本国志》一书,黄氏在述及日本东京大学校的分科时,提到该校分"法学、理学和文学三学

---

① 参见花之安:《德国学校论略》,同治十二年(1873年)刻本,羊城小书会真宝堂藏本。李提摩太:《论不广新学之害》,收入陈忠倚编:《皇朝经世文三编》卷四十一,宝文书局1898年刊印本。

② 彭玉麟:《广学校》,收入陈忠倚编:《皇朝经世文三编》卷四十一。

③ 〔英〕赫胥黎著:《天演论》,严复译,北京:商务印书馆1981年10月版,第65页。

部"。"文学分为两科:一、哲学(谓讲明道义)、政治学及理财学科,二、和汉文学科。"① 但此书稿本仅抄写四部,分别呈送总理各国事务衙门、李鸿章、张之洞和自存一部,当时并未引起当局的重视,被束之高阁,故此书内容几无外人所知,"哲学"的译名也未见他人采用。"哲学"译名的流行是在甲午战争以后,由于中国败于日本的惨痛现实,中国士人自然高度注意吸收日本经验。康有为在1898年6月所上《请广译日本书派游学折》,已明确提到"哲学"诸科"皆我所无,亟宜分学"②。他同时所上的《请开学校折》,也提到欧美大学"其教凡经学、哲学、律学、医学四科"③。此说与早先彭玉麟对西方大学分科制度的提法雷同,只是将"智学"换成了"哲学"。康有为的这一处理明显是受到日本的影响,同年刊行的康氏著作《日本书目志》,将日本书目分为生理、理学、宗教、图史、政治、法律、农业、工业、商业、教育、文学、文字语言、美术、小说、兵书十五大门类,其中在"理学门"中即列有"哲学"一科④,将哲学与物理、化学、天文学、气象学、地质学、动物学、植物学、人类学、论理学、心理学、伦理学等并列。这种归类与先前黄遵宪将"哲学"放在"文学"学科的做法颇有出入,反映了康有为对日本学术界的某

---

① 黄遵宪:《日本国志》卷三十二《学术志一·西学》,收入陈铮编:《黄遵宪全集》下册,北京:中华书局2005年3月版,第1412页。
② 康有为:《请广译日本书派游学折》,收入汤志钧编:《康有为政论集》上册,北京:中华书局1998年6月版,第303页。
③ 康有为:《请开学校折》,收入汤志钧编:《康有为政论集》上册,第306页。
④ 康有为:《日本书目志》,收入《康有为全集》第3册,上海:上海古籍出版社1992年12月版,第652—653页。

种隔膜。日本学术界由于将自然科学归于"理学"一类,故其放弃了将 Philosophy 可能译为"理学"的做法,以免重名。不过,采用 Philosophy 为"哲学"这一译名反映了日本人对 Philosophy 所含哲理、玄想、形而上这一特性的深刻理解,可以说它更准确地把握了 Philosophy 与 Science(科学)、Religion(宗教)之间的区别。

近代中国介绍西方哲学,首推严复,他主要译介英国哲学,如赫胥黎、穆勒、斯宾塞等人的著作,偏重于逻辑学、政治哲学、伦理学方面,对"哲学"本身不求甚解。真正对"哲学"概念最先做出科学解释的中国学者是王国维,王氏主要介绍德国哲学,尤重康德、叔本华、尼采的哲学。蔡元培先生曾谓:"王氏介绍叔本华与尼采的学说,固然很能扼要;他对于哲学的观察,也不是同时人所能及的。"[1]可谓一语中的。王国维在《哲学解惑》一文中首次对 Philosophy 译为"哲学"一说做了明确解释:"夫哲学者,犹中国所谓理学云尔。艾儒略《西学(发)凡》有'费禄琐非亚'之语,而未译其义。'哲学'之语实自日本始。日本称自然科学曰'理学',故不译'费禄琐非亚'曰理学,而译曰'哲学'。我国人士骇于其名,而不察其实,遂以哲学为诟病,则名之不正之过也。"[2]接着,他详解"哲学非有害之学"、"哲学非无益之学"、"中国现时研究哲学之必要"、"哲学为中国固有之学"、"研究西洋哲学之必要"等问题。这不啻是一篇"哲学"发凡。针对时人对

---

[1] 蔡元培:《五十年来中国之哲学》,收入中国现代学术经典丛书《蔡元培卷》,石家庄:河北教育出版社 1996 年 8 月版,第 336 页。
[2] 王国维著:《王国维哲学美学论文辑佚》,佛雏校释,上海:华东师大出版社 1993 年 12 月版,第 1 页。

哲学的"诟病",王国维建议将"哲学"或可易名为"理学","吾国人士所以诟病哲学者,实坐不知哲学之性质故,苟易其名曰'理学',则庶几可以息此争论哉!"①此说虽不曾通用,但后来的哲学家如冯友兰、张岱年诸人,亦曾持此见解,以为哲学与中国"义理之学"可对应。冯氏认为:"西洋所谓哲学,与中国魏晋人所谓玄学,宋明人所谓道学,及清人所谓义理之学,其所研究之对象,颇可谓约略相当。"②张岱年也有类似冯氏的看法③。在《论哲学家与美术家之天职》一文中,王国维强调哲学研究的独立性,批评"披我中国之哲学史,凡哲学家,无不欲兼为政治家者,斯可异已!""故我国无纯粹之哲学,其最完备者,唯道德哲学与政治哲学耳。""愿今后之哲学、美术家,毋忘其天职,而失其独立之位置,则幸矣。"④首次表达了追求哲学独立的理念。在《教育偶感·大学及优级师范学校之削除哲学科》一文中,王国维一方面认同叔本华的观点:"大学之哲学,真理之敌也。真正之哲学,不存于大学,哲学惟恃独立之研究始得发达耳。"对经院哲学提出了严苛批评。一方面又认为教育与哲学关系至为密切,"师范学校之哲学科仅为教育学之预备,若补助之用,而其不可废亦即存乎此"⑤。要求在师范学校保留哲

---

① 王国维著:《王国维哲学美学论文辑佚》,佛雏校释,第6页。
② 参见冯友兰:《中国哲学史》第一章《绪论》,收入《三松堂全集》第1卷,郑州:河南人民出版社1988年5月版,第9页。
③ 参见张岱年:《中国哲学大纲》,北京:中国社会科学出版社1985年3月版,第1—3页。
④ 王国维:《论哲学家与美术家之天职》,收入《静庵文集》,沈阳:辽宁教育出版社1997年3月版,第120—121页。
⑤ 王国维:《教育偶感》,收入《静庵文集》,第124页。

学课程。王国维以其深厚的中西哲学素养,对"哲学"的理解和中西哲学对应关系的理解,的确表现了许多个人的卓识。

在清末民初介绍西洋哲学(特别是德国哲学)方面,蔡元培发挥了重要作用,他以自己所掌握的日语、德语的优势①和在日本、德国多次游学的经历,持续地跟踪日本、德国两国的哲学动态,并迅速地将其成果介绍给中国学术界。蔡元培曾经三次译介、撰写"哲学概论"一类的教科书,成为20世纪初至30年代传输西方哲学观念的主要代表。1903年9月商务印书馆出版的蔡元培翻译的《哲学要领》,此书系德国教授科培尔在日本文科大学授课的讲稿,先由日本下田次朗笔述,蔡元培再从日文转译,这可能是中国最早译介的"哲学概论"一类的教科书,该书内容包括四部分:"哲学之总念第一"主要讨论哲学的含义,哲学与真理、科学、宗教之间的关系;"哲学之类别第二"则将哲学分物界、心界两类,心界又分知识、感情、意志;"哲学之方法第三"则介绍了归纳法、演绎法、类推法和辨证法;"哲学之系统第四"则讨论了哲学的形式(独断、怀疑、批评、折衷)、人间知识之机关(合理说、经验说、感觉说)、世界之价值(厌世教、乐天教、厌世教之进化

---

① 蔡元培在翻译《哲学要领》一书时,特别强调"通德语"对"专攻哲学者"的重要性,"其理有三:一、哲学之书,莫富于德文者;二、前世纪智度最高学派最久诸大家之思想,强半以德文记之;三、各国哲学家中,不束缚于宗教及政治之偏见,而一以纯粹之真理为的者,莫如德国之哲学。观此三者,德语与哲学有至要之关系,亦已明矣"。这大概是蔡元培个人经验的总结。参见《哲学要领》,收入高平叔编:《蔡元培全集》第1卷,北京:中华书局1984年9月版,第177页。

说)①。在该书"绪言"中,论及"专攻哲学"与"深谙德语"的关系,提示国人进入哲学的门径应从学习德语、学习德国哲学家的著作开始。该书虽题名"哲学要领",实则对西方哲学各家各派做了系统评介,可谓第一次以德国人的著作对国人所作的学术意义上的"哲学启蒙"。

1915年1月商务印书馆出版蔡元培编译的《哲学大纲》,据该书《凡例》称:"本书以德意志哲学家厉希脱尔氏之《哲学导言》Richter:Einfuhrung in die Philosophie 为本,而兼采包尔生 Paulsen、冯德 Wunde 两氏之《哲学入门》(Einleitung in die Philosophie)以补之。亦有取之他书及参以己意者,互相错综,不复一一识别。""本书可供师范教科及研究哲学之用。"②此书虽仍是蔡元培编译的一本教科书,但它并非直译,而是蔡先生以自己的语言将上述三书及其他书的内容的串述。该书至1931年8月已印行11版,可谓五四前后十余年间最为流行的"哲学概论"一类的教科书。在首编"通论"中,对哲学的定义、哲学与科学、哲学与宗教、哲学的部类等问题做了系统的探讨,"哲学者,希腊语'斐罗索斐'之译名。斐罗者,好也;索斐者,知也。合而言之,是为好知"③。在回顾西方哲学家从古希腊的拍拉图、雅里士多德到近代英国的洛克、谦谟(今译休谟)对哲学的看法后,蔡先生以为"哲学为学

---

① 《哲学要领》,收入高平叔编:《蔡元培全集》第1卷,第176—228页。
② 《哲学大纲》,收入高平叔编:《蔡元培全集》第2卷,北京:中华书局1984年9月版,第345页。
③ 同上书,第346页。

问中最高之一境,于物理及心理界之知识,必不容有所偏废,而既有条贯万有之理论,则必演绎而为按切实际之世界观及人生观,亦吾人意识中必然之趋势也"①。强调哲学为实际的世界观、人生观,这是蔡元培哲学观的一个特点,这对当时中国学人的哲学观念的形成有着重要影响。而该书对哲学的认识论、本体论、价值论所作的系统介绍,相对前书也更为成熟。据蔡氏后来交待:"其时编《哲学大纲》一册,多采取德国哲学家之言,惟于宗教思想一节,谓'真正之宗教,不过信仰心。所信仰之对象,随哲学之进化而改变,亦即因各人哲学观念之程度而不同。是谓思想自由。凡现在有仪式有信条之宗教,将来必然淘汰'。是子民自创之说也。"②

1924年8月商务印书馆出版的蔡元培编译《简易哲学纲要》一书,是蔡氏贡献给学界的又一部译著。是书在《凡例》中交待:"是书除绪论及结论外,多取材于德国文得而班的《哲学入门》(W. Windelband: Einleitung in die Philosophie)。文氏之书,出版于1914年及1920年。再版时稍有改订。日本宫本和吉氏所编的《哲学概论》,于大正五年出版的,就是文氏书的节译本。这两本都可作为本书的参考品。"③可以说,这是最新德文哲学教材的引进。在《绪论》中蔡先生探讨了"哲学的定义",其定义虽仍取自西义:"哲学是希腊文 philosophia 的译语。这个字是合 philos 和 sophia 而成的,philos 是爱,sophia 是智,合起来是爱智的意

---

① 《哲学大纲》,收入高平叔编:《蔡元培全集》第2卷,第347页。
② 同上书,第345页。
③ 《简易哲学纲要》,收入高平叔编:《蔡元培全集》第4卷,第390页。

思。所以哲学家并不自以为智者。而仅仅自居于求智者。他们所求的智,又不是限于一物一事的知识,而是普遍的。"但他对于中文的对应词提出了新见:"若要寻一个我用过的名词,以'道学'为最合。"他以韩非子《解老》篇解释了古代的"理"与"道"之间的区别:"他所说的理,是有长广厚可以度,有轻重可以权,有坚度感到肤觉,有光与色感到视觉,而且有存亡死生盛衰的变迁可能记述。这不但是属于数学、物理学、化学、天文学、地质学等的无机物,而且属于生物学的有机物,也在其内;并且有事实可求,有统计可考的社会科学,或名作文化科学的,也在其内,所以理学可以包括一切科学的内容。至于他所说的道,是'尽稽万理','所以成万物'的,就是把各种科学所求出来的公例,重新考核一番,去掉他们互相冲突的缺点,串成统一的原理。这正是哲学的任务。""但是宋以后,道学、理学,名异实同,还不如用哲学的译名,容易了解。"①以下接着论述"哲学的沿革"、"哲学的部类"和"哲学纲要的范围",其内容与前此两书虽有雷同之处,但在思考中西哲学关系这一方面,蔡先生亦有其自觉意识,他对哲学译名的取舍即是一例。

另外,蔡元培与北大学生傅斯年就"哲学门隶属文科之流弊"的讨论②,就"大战与哲学"关系在北大"国

---

① 《简易哲学纲要》,收入高平叔编:《蔡元培全集》第4卷,北京:中华书局1984年9月版,第391—392页。
② 参见《傅斯年致蔡元培函——论哲学门隶属文科之流弊》及蔡元培案语,原载1918年10月8日《北大日刊》第222号,收入高平叔编:《蔡元培全集》第3卷,第194—197页。

际研究"演讲会上所发表的演说词①,就"哲学与科学"的区别与联系所展开的探讨②,在五四时期的哲学界都有一定影响。1923年12月《申报》出版《最近之五十年》一书,其中《五十年来中国之哲学》一文请蔡元培撰写,可见蔡先生在中国哲学界之地位,已为学界承认。蔡先生在文中自认为:"最近五十年,虽能渐渐输入欧洲的哲学,但是还没有独创的哲学。所以严格的讲起来,'五十年来中国之哲学'一语,实在不能成立。现在只能讲讲这五十年中,中国人与哲学的关系,可分为西洋哲学的介绍与古代哲学的整理两方面。"③蔡先生对1923年前五十年中国人与哲学的关系所作的这一评价,可谓恰如其分,也可以说是自我定位。实际上,中国学人(包括蔡元培先生本人在内)对哲学的理解,在当时基本上处在接受西方哲学的层次。

"哲学"被纳入新教育体制的时间稍晚。京师大学堂开办后,初拟设政治、文学、格致、农业、工艺、商务、医术七科,其中在文学科下设经学、理学、诸子学等,其所分门类和内容与传统学术无别;后增设经科,由原七科扩为八科,并在经科之下分周易、尚书、毛诗等11门④,实际是更为突显经学的地位,反映了清朝欲延续经学正统地位的意图。在这样一种情形下,自

---

① 《大战与哲学》,收入高平叔编:《蔡元培全集》第3卷,第200—205页。
② 参见《哲学与科学》,收入高平叔编:《蔡元培全集》第3卷,第249—254页。
③ 蔡元培:《五十年来中国之哲学》,收入高平叔编:《蔡元培全集》第4卷,第351页。
④ 有关京师大学堂分科的情况,参见萧超然等著:《北京大学校史》(增订本),北京:北京大学出版社1988年4月版,第18—26页。

然不可能将西方意义上的"哲学"纳入教学体制。民国元年,蔡元培制定新的教育方针,颁布新的《大学令》,明令取消经科。1914年北大进行学科调整,在文科新增设中国哲学门,是为中国大学将哲学科目纳入体制内之始,由此也开启了传统的经学教育向近代哲学教育的转型。值得一提的是,在北大增设哲学一科时,曾就哲学的分科问题展开了一场讨论。问题是因北大学生傅斯年投书蔡元培"论哲学门隶属文科之流弊"而起,傅君以为"哲学与科学之关系长,而与文学之关系薄也","为使大众对于哲学有一正确之观念,不得不入之理科;为谋与理科诸门教授上之联络,不得不入之理科;为预科课程计,不得不入之理科"①。显然,这是一种将哲学科学化的观点。蔡先生不同意傅斯年的看法,他以为"治哲学者不能不根据科学,即文学、史学,亦何莫不然。""如以理科之名,仅足为自然科学之代表,不足以包文学,则哲学之玄学,亦决非理科所能包也。"②应该说,蔡元培对哲学的玄思性质有比较恰当的理解,对哲学与自然的关系及其分际有较为准确的把握。五四以后就科学与人生观展开过一场激烈的论战,科学派强调人生观与科学的密切关系,玄学派则主张人生观与科学区别开来。虽然论战并未直接涉及哲学的学科属性,但因人生观属于哲学的重要内容,在中国哲学中,人生哲学所占比重较大,故它实际上也关涉到对哲学的理解,特别是对中国哲学的理

---

① 傅斯年:《致蔡元培:论哲学门隶属文科之流弊》,原载1918年10月8日《北京大学日刊》。
② 蔡元培案语见傅斯年:《致蔡元培:论哲学门隶属文科之流弊》,原载1918年10月8日《北京大学日刊》。

解。玄学派表达了对纯粹哲学的追求,因而他们更偏向于哲学的人文、玄思和感悟的一面,而科学派(以丁文江、胡适为代表)把人生观科学化,断然否定哲学玄思的一面,对哲学的理解则倾向于实证、实验、怀疑的一面,由此他们与哲学的关系也日渐疏离。因此,在科学与人生观的论战中,科学派虽然大获全胜,但他们以后在哲学界的地位和影响则呈现出日渐下降的趋势,这与他们对哲学理解的歧异应有一定关系。

二、胡适:西方化的中国哲学

胡适是中国哲学创建过程中的关键一环。他的这一地位很大程度上得自于他最早系统地接受了西方哲学的教育和训练,并成功地将之与中国哲学研究结合起来,从而真正在近代的意义上开创了中国哲学史这一学科。

胡适晚年自述:"中国古代哲学的基本著作,及比较近代的宋明诸儒的论述,我在幼年时,差不多都已读过。"①证之于他此前写作的《四十自述》,胡适早年阅读的哲学典籍主要是朱熹注释的儒家经典和《十三经注疏》②,这构成他留学前的"文化背景"。他进入哲学专业是在留美时期,1910年9月他初入康乃尔大学农学院学习农科,1912年2月他转入文理学院学习文科,主修哲学,副修是英国文学和经济等课程。不过在

---

① 参见唐德刚译注:《胡适口述自传》,收入《胡适文集》第1册,北京大学出版社1998年11月版,第211页。
② 参见《四十自述》,收入《胡适文集》第1册,第47、101页。

他未转学前，胡适自称曾选修了克雷敦教授（J. E. Creighton）所开设的"哲学史"，并因此萌发了"研究哲学——尤其是中国哲学"的兴趣①。康乃尔大学哲学系主要由"新唯心主义"（New Idealism）统治，它是19世纪末期英国思想家葛里茵（Thomas Hill Green）等由黑格尔派哲学衍变而来，与当时在美国颇有影响的"实验主义"哲学尖锐对立。胡适"在聆听这些批杜的讨论和为着参加康大批杜的讨论而潜心阅读些杜派之书以后"，"对杜威和杜派哲学渐渐的发生了兴趣"②。1915年暑假，他"发愤尽读杜威先生的著作"③，转向信仰实验主义。在康大时，胡适已表现出他在哲学方面的才赋，大多数哲学科目的成绩为优秀④，并被委任为该校学生会"哲学教育群学部委员长"⑤。1915年9月他进入哥伦比亚大学文学院哲学系，当时的哥大哲学系"实是美国各大学里最好哲学系之一"，这里有着全美最强的教授阵营，胡适的学术天地大为扩展，在此他接受了终身受用的哲学训练和实验主义理论，形成了自己的哲学理念⑥。与近代中国的许多思想家、哲学家思想多变的历史表现不同，胡适终身持守实验主

---

① 参见唐德刚译注：《胡适口述自传》，收入《胡适文集》第1册，第212页。但查证胡适在康乃尔大学的成绩表，胡适是转入文理学院后，才修了"哲学"课程，选修课程未登入成绩则不得而知。

② 参见唐德刚译注：《胡适口述自传》，收入《胡适文集》第1册，第263页。

③ 《胡适留学日记》自序，收入《胡适全集》第27册，第104页。

④ 参见拙作《胡适与哥伦比亚大学》（上），载2004年12月台北《传记文学》第85卷第6期，第72—73页。

⑤ 《胡适全集》第27册，第306页。

⑥ 参见唐德刚译注：《胡适口述自传》第五章《哥伦比亚大学和杜威》，收入《胡适文集》第1册，第257—269页。

义的理念,表现了惊人的坚强思想个性。

1917年9月胡适登上北大讲坛,此前北大的中国哲学门教授阵营主要是由传统学者(如陈黻宸、陈汉章等)和留日学生(如陈大齐、马叙伦等)这两类人组成,故哲学一门的教学具有浓厚的传统色彩或日本影响的痕迹。陈黻宸、陈汉章讲授的中国哲学史一课分不清神话与哲学的区别,其大部分内容为叙述周代以前的神话传说①,中国哲学史亟待按照"哲学"的要求重新构建。胡适的到来无疑是北大哲学门的一个异数,以他所受系统的西方哲学教育和训练,加上自学苦修的"汉学",在知识结构上明显表现出他人无可替代的优势,时任北大校长的蔡元培看中的正是这一点②。

在传统经学向近代哲学转型时,中国学者主要面临两大问题:一是需要正确理解西方的"哲学"理念,它是中国学者建构自己的哲学体系可能凭借和依傍的范式;一是必需处理西方的"哲学"与"中学"的对应问题,即"中学"那些部分可以作为"哲学"素材来处理。前者需要西方哲学的训练,后者需要传统"中学"(特别是经学)的修养。五四前后,近代中国学术界几乎不可能就西方意义上的"哲学"问题与西方学者展开平等的高层次的对话,学者们限于自己的学力和兴趣主要是传输西方哲学理念和致力于建立"中国哲学",更为确切地说是依傍西方哲学理论构建一套"中国哲

---

① 参见陈黻宸:《中国哲学史》,收入《陈黻宸集》,北京:中华书局1995年6月版,第413—503页。关于陈汉章的授课,参见冯友兰:《三松堂自序》,收入《三松堂全集》第1卷,郑州:河南人民出版社1985年9月版,第186—187页。

② 参见蔡元培:《中国哲学史大纲》序,收入《胡适文集》第6册,第155页。

学",这是传统经学意识形态被解构后的基本趋向。胡适是这一背景下应运而生的领军人物,他对"哲学"的理解紧紧伴随在其"中国哲学(史)"的研究过程中,既反映了西方"哲学"理念进入中国的历史进程,也表现了中国哲学自我探索的独立意识。故追溯胡适对"哲学"(包括"中国哲学")的理解,实有助于我们从一个侧面把握中国近代哲学产生、发展的历史过程。

胡适对"哲学"理解的最初层面是关注哲学与逻辑的关系。他认识到,"哲学是受它的方法制约的,哲学的发展是决定于逻辑方法的发展的"①。这实际上是西方学术界对哲学与逻辑关系普遍持有的一种观点。胡适从不讳言自己与"实验主义"的密切关系,他强调哲学与逻辑的相互依存也是这方面的一个例证。胡适晚年曾明白交待:"我治中国思想与中国历史的各种著作,都是围绕着'方法'这一观念打转的。'方法'实在主宰了我四十多年来所有的著述。从基本上说,我这一点得益于杜威的影响。"②胡适特别提到杜威的《实验逻辑论集》(*Essays in Experimental Logic*)中的《逻辑思维的诸阶段》(*Some stages of Logical thought*)一文,这篇论文着重谈到了"亚里斯多德的形式逻辑之所以能在中古欧洲更完满地复振的道理,就是因为教会正需要形式逻辑来支持一种信仰体系。这一思想体系如无形式逻辑的支持,便要支离破碎,根基

---

① 胡适:《先秦名学史》导论《逻辑与哲学》,收入《胡适文集》第6册,第6页。
② 唐德刚译注:《胡适口述自传》,收入《胡适文集》第1册,第265页。

动摇"①。胡适因此联想到了古代印度的"因明学"和中国先秦的墨子名学。在他看来,"近代中国哲学与科学的发展曾极大地受害于没有适当的逻辑方法"②。

胡适对"哲学"的这一理解直接制导着他对中国哲学史的研究。胡适写作博士论文《先秦名学史》(*The Development of Logical Method in Ancient China*)在理论上的一个重要缘由就是挖掘中国先秦的"名学",借以向西方世界展现中国的古典哲学。一般人认为,"中国哲学的特点之一,是那种可以称为逻辑和认识论的意识不发达"③。西方哲学界甚至有一种权威观点,东方(主要包括中国和印度)缺乏实体、普遍和客观的知识,"所以这种东方的思想必须排除在哲学史以外","真正的哲学是自西方开始"④。基于逻辑(Logic)在哲学中的特殊地位,要研究中国哲学,首要的问题是证明中国古代哲学有其自身的"逻辑"(名学)。胡适写作《先秦名学史》即是为了重现"中国古代逻辑理论与方法"。他说:"我渴望我国人民能看到西方的方法对于中国的心灵并不完全是陌生的。相反,利用和借助于中国哲学中许多已经失去的财富就能重新获得。更重要的还是我希望因这种比较的研究可以使中国的哲学研究者能够按照更现代的和更完全

---

① 唐德刚译注:《胡适口述自传》,收入《胡适文集》第1册,第266页。
② 胡适:《先秦名学史》导论《逻辑与哲学》,收入《胡适文集》第6册,第9页。
③ 金岳霖:《中国哲学》,收入胡军编:《金岳霖选集》,长春:吉林人民出版社2005年5月版,第67页。
④ 参见〔德〕黑格尔著:《哲学史讲演录》第一卷,贺麟、王太庆译,北京:商务印书馆1983年版,第98页。

的发展成果批判那些前导的理论和方法,并了解古代中国的自然的和社会的进化理论没有获致革命的效果,而达尔文的理论却产生了现代的思想。"①

西方的"逻辑"概念最早经严复译介传入中国,严氏将英文的"Logic"译为"名学",而后来的章士钊则径直音译为"逻辑"。胡适当时采用了严氏译名,其中隐含的深意,则在理顺中西哲学之间的关系,证明逻辑在中国古代并非无,先秦所谓"名学",其意可与西方"逻辑"同。从这个意义上说,胡适的英文本《先秦名学史》实际上表现了他个人的民族主义情结。而他重视对非儒学派(特别是一度与儒家并行的墨家)思想的阐释,明显表现了他自觉与当时的孔教运动的领导者及其信徒区隔的态度。

胡适对"哲学"理解的第二个层面是哲学与人生的关系。新文化运动是一场个性解放运动,它关注的焦点问题是人的问题、伦理的问题。胡适归国时,正值新文化运动轰轰烈烈地开展之时,他在北大教授"中国哲学史大纲"一课,由于语境的变化(受众从美国人转到中国人,写作语言从英语转到中文),问题的视点也不同了,胡适对"哲学"理解有了新的调整,强调哲学与人生的关系。他给哲学所下的定义是:"凡研究人生切要的问题,从根本上着想,要寻一个根本的解决,这种学问叫做哲学。"②后来他在一次《哲学与人生》为题的演讲中进一步展开了这一看法,即"哲学是

---

① 胡适:《先秦名学史》导论《逻辑与哲学》,收入《胡适文集》第6册,第12页。
② 《中国古代哲学史》第一篇《导言》,载《胡适文集》第6册,第163页。

研究人生切要的问题,从意义上着想,去找一个比较可普遍适用的意义"。哲学的起点是由于人生切要的问题,哲学的结果,是对于解决人生问题的适用。"人生离了哲学,是无意义的人生,哲学离了人生,是想入非非的哲学。"①胡适对哲学的理解建立在"人"的基础上,他给哲学提出的六大问题,表现出对人生现实的、终极的关怀,这些问题包括:(一)"天地万物怎样来的(宇宙论)";(二)"知识思想的范围、作用及方法(名学及知识论)";(三)"人生在世应该如何行为(人生哲学,旧称'伦理学')";(四)"怎样才可使人有知识,能思想,行善去恶呢(教育哲学)";(五)"社会国家应该如何组织、如何管理(政治哲学)";(六)"人生究竟有何归宿(宗教哲学)"②。这里的后四个问题都是与"人"直接相关的问题。一部哲学的历史也就是哲学家们关于种种人生切要问题思考、探讨和解决的历史。

胡适对哲学的这种理解既是继承了中国哲学重视人伦哲学的传统,也是为中国哲学本身的主体内容所决定。在五四时期它深刻地影响着当时中国哲学界,对人生问题的探究几成为哲学界关注的焦点,梁启超的《欧游心影录》、梁漱溟的《东西文化及其哲学》、冯友兰的英文博士论文《人生理想之比较研究》和后来出版的《人生哲学》、《一种人生观》,以及一度热烈展开的科学与人生观论战,都是以讨论人生观为主题,尽

---

① 《哲学与人生》,原载1923年12月10日《东方杂志》第20卷第23期,收入《胡适文集》第12册,第282页。
② 《中国古代哲学史》第一篇《导言》,收入《胡适文集》第6册,第163页。

管梁启超、梁漱溟、冯友兰、张君劢这些人在文化立场上与胡适截然相反,因而彼此在哲学上的"竞技"是不言而喻的,科学与人生观的论战实际上是这种"竞技"的爆发,但大家对人生观和人生问题的关注却是惊人的一致,胡适对五四时期人生观的讨论可以说具有先导的作用。

胡适对"哲学"理解的第三个层面是哲学与新旧思想冲突的关系。1925年5月17日胡适在北大哲学研究会演讲"从历史上看哲学是什么"这一题目时,表示"一方面要修正我在《中国哲学史》上卷里所下哲学的定义","一方面要指示给学哲学的人一条大的方向,引起大家研究的兴味"。胡适新看法是以为"无论以中国历史或西洋历史上看,哲学是新旧思想冲突的结果。而我们研究哲学,是要哲学当成应付冲突的机关。现在梁漱溟、梁任公、张君劢诸人所提倡的哲学,完全迁就历史的事实,是中古时代八百年所遗留的传统思想,宗教态度,以为这便是东方文明"①。显然,经过五四时期新旧思想的激烈冲突,特别是科学与玄学论战,胡适对哲学又有了一番新的体认,这就是哲学与新旧思想的冲突密不可分。

胡适对哲学的这一理解同样与实验主义的影响亦密不可分。胡适曾翻译杜威在《哲学的改造》一书中的第一章《正统哲学的起源》,杜氏明确表示:"哲学的目的是要尽力做成一个应付这些冲突的机关。凡是化成了形上学的区别,便觉得很不真实的东西,现在联上

---

① 胡适:《从历史上看哲学是什么》,收入《胡适文集》第12册,第285、288页。

了社会上种种信仰和理想的竞争大武剧,便觉有很深的意义了。哲学若能抛下它那没出息的'绝对的,最后的本质的专卖",他是不会吃亏的;因为以后的哲学能教导那些变动社会的精神动力,若能对于人类想做到一种更有意义的快乐之希望上有所贡献,那就是很大的酬报了。"①近代哲学自笛卡尔以来,把自然科学引为自己的思维范型,以思维与存在、主观与客观作为自己研究的主题,这种情形发展到黑格尔那里达到极致,变成了建立一套追求"绝对真理"的庞大哲学体系。后黑格尔时代的种种哲学潮流都以突破黑格尔的哲学体系为目标,实验主义哲学亦表达了一种追求新哲学的声音,杜威把"经验"、"生活"、"应付冲突"作为新哲学的目标,撇开"本体的争执",撇开"那些关于绝对本体的性质的种种无谓的玄谈","只看见一班深思远虑的人在那儿讨论人生应该是怎样的,在那儿研究人类的有意识的活动应该朝着什么目标去着力"②。这就使"哲学的性质、范围、方法,都要改变过了"③,胡适专取《哲学的改造》第一章翻译的目的,即在于向人们展示实验主义重视人生经验的这一特性。

胡适曾有一篇未刊的《杜威的"正统哲学"观念与中国哲学史》文稿,试图将杜威的上述观点直接应用于中国哲学史研究,这篇文章开首介绍杜威"正统哲学"的观念,其实不过是《哲学的改造》第一章的摘要

---

① 杜威著:《哲学的改造》,胡适、唐擘黄译,合肥:安徽教育出版社1999年10月版,第17页。
② 同上书,第16页。
③ 《实验主义》,《胡适文存》卷二,载《胡适文集》第2册,第229页。

介绍,"正统哲学"的三种性质为:(1)哲学的使命是要从那些已经动摇的旧信仰里提出精华来;所以哲学总不免给传统的信仰礼俗作辩护。(2)哲学因为要替传统的东西作辩护,因为要替那向来全靠感情契合和社会尊崇的东西作合理的辩护,所以不能不充分运用辩证的工具。(3)那些传统的信仰,起于人类的欲望与幻想,靠群居生活的影响而成为一种有权威的共同信仰,他的性质是无所不包的;在民族生活的各方面,他是无往而不在的①。胡适运用杜威"正统哲学"理论分析中国哲学,以为"杜威的正统哲学起源论竟可以完全适用于中国哲学史","中国的正统哲学也是有使命的:他的使命是要给传统的旧信仰作辩护,要从那些已经动摇了的旧信仰之中,提出一些精华来,加上理性化的作用,组成哲学系统。他的来源也是那些已经整统了的古代经典;他的动机也是旧信仰与新知识的冲突与调和"②。胡适以这一理论具体讨论了儒家哲学,遗憾的是,他只讨论了第一期的"显学"(儒与墨)就截稿了,第二期的"儒教"和第三期的"宋明理学"只能凭借他的其他著作,如《从历史上看哲学是什么》、《中国中古思想史长编》和《中国传统与将来》等文来想像了。

　　胡适理解哲学的第四个层面是未来哲学的趋向。在《哲学的将来》这篇演讲提要中,胡适表达了对哲学新的理解,他以为"过去的哲学只是幼稚的,错误的或

---

① 胡适:《杜威的"正统哲学"观念与中国哲学史》,收入《胡适全集》第8册,第366—368页。
② 同上书,第370页。

失败了的科学","过去的哲学学派只可在人类知识史与思想史上占一个位置,如此而已"。哲学的将来或面临更换问题,或面临根本取消。"将来只有一种知识,科学知识。将来只有一种知识思想的方法:科学证实方法。将来只有思想家,而无哲学家;他们的思想,已证实的便成为科学的一部分,未证实的叫做待证的假设(Hypothesis)。"①按照这一理解,胡适的治学倾向明显表现了三个特点:一是越来越重视证实的事实,这一取向导致他"历史癖"和考据癖的发作;二是强调"科学证实方法",将之视为哲学、历史学唯一的方法到处宣传;三是越来越轻蔑哲学,疏离哲学,他中断了中国哲学史的写作计划,转而开始写作《中国中古思想史长编》,1930年代担任北京大学文学院院长时,甚至公开"主张哲学关门"②。胡适这种"取消哲学"的倾向,究竟是个人对哲学自信心不足的表现,还是内心深处"历史癖"使然,这是一个值得探究的问题。现在保存的《哲学的将来》这篇演讲提要是一份未公开发表的文稿,它虽然反映了胡适内心的思想和"取消哲学"的倾向,胡适后来日渐疏离哲学的表现由此也有迹可循,但它毕竟是一个"孤本",故对此文本的解读,我们不能随意地夸大和发挥。

尽管哲学对近代中国人来说是一门外来学问,胡适确实是实验主义的门徒,胡适哲学理念的形成也受到西方哲学(特别是实验主义)的塑造。但从胡适对

---

① 胡适:《哲学的将来》,收入《胡适文集》第12册,第294—295页。
② 参见钱穆:《八十忆双亲、师友杂忆》,长沙:岳麓书社1986年7月版,第144页。

哲学的理解过程来看，他更多地是表现在他研究中国哲学史的著述中。事实上，胡适本人既没有留下一本哲学概论之类的著作，甚至也没有写作一篇纯粹哲学理论的论文，胡适对"哲学"的理解是与他的中国哲学史研究密不可分，他对"哲学"的理解与"中学"（国学）有着直接的关系。如使用"名学"而不用"逻辑"，实际表达了胡适对中国哲学独立性的认同；强调哲学是"研究人生切要的问题"，这与中国古代哲学偏重人生哲学（伦理学）的这一特性有关；以为只有实证的知识才是科学的知识、实证的方法才是科学的方法，这与清代汉学家的"实事求是"的理念一脉相承；预测未来要取消哲学，这与"中学"本身缺乏"哲学"的传统和胡适反"玄学"的立场有关。有的论者以为，胡适的这种研究倾向，至多只能将他定位为哲学史家，而不能看作是哲学家。胡适本人似乎也并不反感这样一种评断。

胡适对哲学的理解带有他个人的"偏见"或成见，这里所谓成见是指胡适拘泥于实验主义而言。金岳霖曾批评说："哲学中本来是有世界观和人生观的。我回想起来胡适是有人生观，可是，没有什么世界观的。看来对于宇宙、时空、无极、太极……这样一些问题，他根本不去想；看来他头脑里也没有本体论和认识论或知识论方面的问题。他的哲学仅仅是人生哲学。"①这种说法略带偏见，胡适的确重视人生哲学在哲学体系中的地位，但他对于方法论（尤其是他认为具有科学性质的实验方法或实证方法）也是颇为重视的。他

---

① 刘培育主编：《金岳霖的回忆与回忆金岳霖》，成都：四川教育出版社1995年7月版，第29页。

一再公开地宣称自己是实验主义的信徒,实验主义"本来是一种方法,一种评判观念与信仰的方法"①。"只是一个方法,只是一个研究问题的方法。"②除了个别哲学家追求建立完整的哲学体系外,大多数哲学家往往只能就其所长,在某一方面加以发挥。在中国构建自己的哲学学科的初始阶段,胡适对中国哲学学科的建立可以说具有奠基的作用。他是第一个在北大哲学门开设"西方哲学史"课程的教授,也是最早以现代意义的哲学观念写作"中国哲学史"讲稿的学者。他在吸收、介绍、运用西方哲学理论的同时,注意到中国哲学的特殊性,并试图摸索描述中国哲学(中国思想)特殊性的叙事方式,尽管在这一点上他还未成熟到运用自如的地步,但在一个依傍西方哲学方法建构中国哲学的时代,这几乎是任何一位中国哲学家都难以避免的局限。

三、现代新儒家:中国哲学的现代化与民族化

对中国哲学的现代化和民族化的自觉认识,要推现代新儒家的两位主要代表梁漱溟和冯友兰,他们分别是"中国哲学现代化时代中的"理学和心学的主要代表③。

---

① 《五十年来之世界哲学》,《胡适文存》二集卷三,载《胡适文集》第3册,第286页。
② 《我的歧路》,《胡适文存》二集卷三,载《胡适文集》第3册,第365页。
③ 有关这方面的论述,参见冯友兰:《中国现代哲学史》,广州:广东人民出版社1999年8月版,第84、174、218页。

在新文化运动初期，许多学人喜以东（中）西文化对比的方式表达自己的文化见解，如陈独秀的《东西民族根本思想之差异》、李大钊的《东西文明根本之异点》，他们的总体倾向是抑中扬西，这是新文化运动的主流选择。在这样一种主流选择的支配下，衍生出一股强大的"西化"潮流。第一个对此潮流提出挑战的是梁漱溟的《东西文化及其哲学》一书。本来在梁氏以前，胡适在《中国哲学史大纲》的导言中，曾将世界哲学分成东西两支。东支分为中国、印度两系，西支分为希腊、犹太两系。汉代以后，"犹太系加入希腊系成了欧洲的中古哲学。印度系加入中国系成了中国的中古哲学"，"到了近代印度系的势力渐衰，儒家复起，遂产生了中国近世的哲学"。"欧洲思想渐渐脱离犹太系的势力，遂产生了欧洲的近世哲学"。胡适预言"到了今日这两大支的哲学互相接触互相影响，五十年后一百年后或竟能发生一种世界的哲学也未可知"①。梁漱溟沿用了以往学者（包括胡适在内）将世界文化（哲学）分成东、西两大支的做法，但他强调西洋、印度、中国三大系统的各自特点，并对它们在宗教、哲学（形而上之部、知识之部、人生之部）的各自特点及主张列表做了区隔②。梁氏表明了自己对哲学的看法，"所谓哲学就是有系统的思想，首尾衔贯成一家言的"；哲学包括形而上学之部、知识之部和人生之部。

---

① 胡适：《中国古代哲学史》第一篇《导言》，收入《胡适文集》第6册，第165—166页。
② 梁漱溟：《东西文化及其哲学》第四章《西洋中国印度三方哲学之比较》，收入《梁漱溟全集》第1卷，济南：山东人民出版社1989年5月版，第396页。

中国哲学在形而上之部"自成一种，与西洋、印度者全非一物，势力甚普，且一成不变"。知识之部"绝少注意，几可以说没有"。人生之部"最盛且微妙，与其形而上学相连，占中国哲学之全部"①。梁漱溟预言"世界未来文化就是中国文化的复兴，有似希腊文化在近世的复兴那样"②。他明确批评新文化运动中胡适这一派的主张，"有人以清代学术比作中国的文艺复兴，其实文艺复兴的真意义在其人生态度的复兴，清学有什么中国人生态度复兴的可说？有人以五四而来的新文化运动为中国的文艺复兴；其实这新运动只是西洋化在中国的兴起，怎能算得中国的文艺复兴？若真中国的文化复兴，应当是中国自己人生态度的复兴；那只有如我现在所说可以当得起"③。梁氏赞成新文化运动向西方学习科学、民主的态度，但不同意新文化运动对孔子和儒家所作的负面评价，他对于孔子和儒家的"仁"做了新的解释，以为孔子和儒家的"仁"才是其思想的中心。冯友兰认为"梁漱溟的哲学思想是陆王派所本有的，但梁漱溟是'接着'陆王讲的，不是'照着'陆王讲的"。"梁漱溟比以前的陆王派进了一步"。所以冯友兰认定梁氏是"中国哲学现代化时代中的心学"的代表性人物④。梁漱溟对中国文化及其哲学特性的认识并不新鲜，他的创新之处在于他自觉追求对这种特性的肯定，以及对中国文化及其哲学在未来世

---

① 梁漱溟：《东西文化及其哲学》第四章《西洋中国印度三方哲学之比较》，收入《梁漱溟全集》第1卷，第396页。
② 梁漱溟：《东西文化及其哲学》第五章《世界未来之文化与我们今日应持的态度》，收入《梁漱溟全集》第1卷，第525页。
③ 同上书，第539页。
④ 冯友兰：《中国现代哲学史》，第84页。

界的地位的充分自信，这是此前的新文化运动所未有的新见。梁氏的观点在新文化运动进入高潮之时若如投石击水，引起了巨大反响，但他对于中西文化相互关系的重新思考，对中国哲学的特殊性的重视和认可，对后来的中国哲学界的确有着先导的作用。现代新儒家从此开始崛起，义无反顾地朝着建立中国化的哲学体系这一方向迈进。梁漱溟对中国人生哲学的价值体认，也成为他一生持续不断地研究中国人生哲学的内在动力，晚年以一部《人心与人生》殿后，可谓他一生探索人生问题的结晶。

现代新儒家中的另一支——"新理学"的代表冯友兰，对"哲学"有着更为自觉的认识，因而他对"哲学"的理解较前此诸家，都向前推进了一大步，这种进步不仅表现在对"哲学"概念本身的理解上，而且表现在对中西哲学对应关系的把握上，冯友兰都有了更为到位的诠释。

首先，冯友兰更为准确地确定了哲学的范围。在《人生哲学》一书中，冯氏明确"哲学"包涵三大部："宇宙论，目的在求一对于世界之道理（a theory of the world）。人生论，目的在求一对于人生之道理（a theory of life）。知识论，目的在求一对于知识之道理（a theory of knowledge）。"这种三分法"自柏拉图以后，至中世纪之末，普遍流行；即到近世，亦多用之"①。宇宙论分两部："一研究'存在'之本体，及'真实'之要素者；此是所谓本体论（ontology）；一研究世界之发生及其历

---

① 冯友兰：《人生哲学》，收入《三松堂全集》第1卷，郑州：河南人民出版社1985年9月版，第353—354页。

史,其归宿者;此是所谓宇宙论(cosmology狭义的)。"人生论有两部:"一研究人究竟是什么者;此即人类学,心理学等;一研究人究竟应该怎么者;此即伦理学(狭义的),政治哲学等。"知识论亦有两部:"一研究知识之性质者;此即所谓知识论(epistemology狭义的);一研究知识之规划者;此即所谓论理学(狭义的)。"冯友兰对哲学系统的这种看法,比起此前胡适在《中国哲学史大纲》一书不分一般哲学(宇宙论、人生论、知识论)和哲学分支(政治哲学、教育哲学、宗教哲学)的做法,明显进了一步。

其次,冯友兰明确了哲学与科学的分际。关于科学与人生观的关系,在1920年代初,思想界曾有一场讨论。以丁文江、胡适为代表,主张科学可以运用于人生观领域,人生观受科学的支配;以张君劢为代表则强调科学与人生观的分隔,双方的分歧构成所谓科学与玄学之争。冯友兰在双方论战正酣之时,也曾发表过一篇演讲——"对于人生问题的一个讨论——在中州大学讲演会讲演稿",但他并没有就双方争执的焦点表明自己的态度①。随后发表的《对于哲学及哲学史之一见》一文对此问题有了明确的立场。"哲学与科学,即在科学之目的在求真;而哲学之目的在求好。"不过,冯友兰并不同意张君劢、梁漱溟将"直觉"纳入哲学方法的做法。他表示:"我个人以为凡所谓直觉,领悟,神秘经验等,虽有甚高的价值,但不必以之混入

---

① 冯友兰:《对于人生问题的一个讨论——在中州大学讲演会讲演稿》,收入《三松堂全集》第11卷,郑州:河南人民出版社2000年12月版,第58—63页。

求知识之方法之内。无论科学、哲学,皆系写出或说出之道理,皆必以'严刻的理智态度'表出之。""故谓以直觉为方法,吾人可得到一种神秘的经验(此经验果与'实在'(reality)符合否,是另一问题)则可;谓以直觉为方法,吾人可得到一种哲学则不可。换言之,直觉能使吾人得到经验,而不能使吾人成立一个道理。"①冯友兰以为:"哲学方法,即是科学方法,即是吾人普通思想之方法。"②对哲学与科学的联系与区别,冯友兰的认识既与将人生观与科学叠合的科学派有别,也与将人生观与科学分割处理的玄学派明显区隔。

值得一提的是,冯友兰在美留学时,曾有《为什么中国没有科学——对中国哲学的历史及其后果的一种解释》一文,其探讨的问题是:"中国产生她的哲学,约与雅典文化的高峰同时,或稍早一些。为什么她没有在现代欧洲开端的同时产生科学,甚或更早一些?"冯友兰根据自己的中国哲学史研究,所得结论是:"中国没有科学,是因为按照她自己的价值标准,她毫不需要。"③"中国哲学家不需要科学的确实性,因为他们希望知道的只是他们自己;同样地,他们不需要科学的力量,因为他们希望征服的只是他们自己。在他们看来,智慧的内容不是理智的知识,智慧的功能不是增加物质财富。在道家看来,物质财富只能带来人心的混乱。在儒家看来,它虽然不像道家说的那么坏,可是也绝不

---

① 冯友兰:《对于哲学及哲学史之一见》,收入《三松堂全集》第11卷,第66—67页。
② 同上书,第67页。
③ 冯友兰:《为什么中国没有科学》,收入《三松堂全集》第11卷,第32页。

是人类幸福中最本质的东西。那么,科学还有什么用呢?"①这样一种将近代科学未能首先在中国产生归咎于哲学家所树立的"价值标准"的观点,似乎简化了近代中国科学落后的原因,但它对中国传统哲学的反省,却至少表明冯友兰在五四时期,并不像梁启超、梁漱溟那样,对中国古典哲学(包括儒家、道家)表现出强烈的依恋感、认同感,冯友兰有其自身的批评态度。

再次,冯友兰对如何把握西方哲学与中国哲学的关系,有了更为深入的认识。关于中西哲学的对应问题,冯友兰明确指出:"西洋所谓哲学,与中国魏晋人所谓玄学,宋明人所谓道学,及清人所谓义理之学,其所研究之对象,颇可谓约略相当。"②故处理中国哲学有两种办法:一是按照西洋所谓哲学之标准,取中国义理学中可与之相对应者,写作中国哲学史。二是以中国义理之学本身的体系为主体,作中国义理学史;甚至可就西洋历史上各种学问中,将其可以义理之学名之者,选出而叙述之,以成西洋义理学史。在这两种选择中,冯友兰以为后者不可行。因为"就原则上言,此本无不可之处。不过就事实言,则近代学问,起于西洋,科学其尤著者。若指中国或西洋历史上种种学问之某部分,而谓为义理之学,则其在近代学问中之地位,与其与各种近代学问之关系,未易知也。若指而谓为哲学,则无此困难。此所以近来只有中国哲学史之作,而无西洋义理之学史之作也。以此之故,吾人以下即竟

---

① 冯友兰:《为什么中国没有科学》,收入《三松堂全集》第11卷,第52页。
② 冯友兰:《中国哲学史》第一章《绪论》,收入《三松堂全集》第2卷,郑州:河南人民出版社1988年5月版,第9页。

用中国哲学及中国哲学家之名词。所谓中国哲学者，即中国之某种学问或某种学问之某部分之可以西洋所谓哲学名之者也。所谓中国哲学家者，即中国某学者，可以西洋所谓哲学家名之者也"①。冯友兰以为"无论科学哲学。皆系写出或说出之道理，皆必以严刻的理智态度表述之"②。哲学有形式上的系统和实质上的系统区别，"中国哲学家之哲学之形式上的系统，虽不如西洋哲学家，但实质上的系统，则同有也。讲哲学史之一要义，即是要在形式上无系统之哲学，找出其实质的系统"③。从内容与形式的关系把握上，冯友兰尽管与胡适并无本质的区别，两者都是依傍西方哲学的形式来写作中国哲学史，但是因为冯友兰有了寻求中国哲学"实质的系统"的自觉，他的《中国哲学史》则有了明显不同的效果，这可从金岳霖对该书的《审查报告》中看得出来。

　　金岳霖先生在《审查报告》中指出："哲学是说出一个道理来的成见。""哲学中的见，其论理上最根本的部分，或者是假设，或者是信仰，严格的说起来，大都是永远或暂时不能证明与反证的思想。"写作中国哲学史的态度："一个态度是把中国哲学当作中国国学中之一种特别的学问，与普遍哲学不必发生异同的程度问题；另一态度是把中国哲学当作发现于中国的哲学。"金先生以为第一种态度在现代中国已不可能，

---

　　① 冯友兰：《中国哲学史》第一章《绪论》，收入《三松堂全集》第2卷，郑州：河南人民出版社1988年5月版，第9—10页。
　　② 冯友兰：《中国哲学史》上册，收入《三松堂全集》第2卷，第7页。
　　③ 同上书，第13—14页。

而如取第二种态度,"我们可以根据一种哲学的主张来写中国哲学史,我们也可以不根据任何一种主张而仅仅以普通哲学形式来写中国哲学史。胡适之先生的《中国哲学史大纲》就是根据于一种哲学的主张而写出来的。我们看那本书的时候,难免一种奇怪的印象,有的时候简直觉得那本书的作者是一个研究中国思想的美国人;胡先生于不知不觉间流露出来的成见,是多数美国人的成见"。"冯先生的态度也是以中国哲学史为在中国的哲学史;但他没有以一种哲学的成见来写中国哲学史。""他说哲学是说出一个道理来的道理,这也可以说是他主见之一;但这种意见是一种普遍哲学的形式问题而不是一种哲学主张的问题。冯先生既以哲学为说出一个道理来的道理,则他所注重的不仅是道而且是理,不仅是实质而且是形式,不仅是问题而且是方法。"①金先生区别了在中国的哲学史和中国的哲学史两个概念,以为"中国哲学史就是在中国的哲学史"②。金岳霖这段话语中所提以一种普遍哲学的形式研究中国哲学,实际上提出了中国哲学研究的一个方向。但在当时的历史条件下,这种普遍哲学的形式显然非取法西方哲学不可,这一点冯友兰与胡适并无本质的区别。20世纪30年代,冯友兰发表了类似蔡元培的观点:"中国哲学,没有形式上的系统,若不研究西洋哲学,则我们整理中国哲学,便无所取法;中国过去没有成文的哲学史,若不研究西洋哲学史

---

① 金岳霖:《审查报告二》,收入《三松堂全集》第2卷,第379—380页。
② 同上书,第379页。

(写的西洋哲学史),则我们著述中国哲学史,便无所矜式。据此,可见西洋哲学之形式上的系统,实是整理中国哲学之模范。"①冯先生认定现在只有"西洋哲学之形式上的系统"可供人们效法。在这一点上,冯友兰与强调中国哲学(中国文化)的未来典范作用的梁漱溟有很大不同,梁氏因没有受过西方哲学的教育和训练,显然很难真正欣赏西方哲学的光彩,吸收她的优长;冯友兰则与之不同,他对西方哲学的优长及其强势地位有着清醒的认识。至于金岳霖所提到的冯著"没有以一种哲学的成见来写中国哲学史"这一点,自然很难成立。事实上,冯友兰受美国新实在论的影响甚深,但在寻求中国哲学"实质的系统"上他确比胡适有了新的自觉。

金岳霖在评价冯著所表现的这种扬冯抑胡的做法,多少表现出他的宗派之见,这就是他与冯友兰一样,对中国传统的宋学、理学、道学有偏爱的一面,而与喜好清学、汉学、朴学的胡适异趣;但他们对哲学的形式与内容之间的关系的把握,多少有助于对中国哲学的特殊性(民族性)的"同情的理解",而这也应是中国学人对待本国哲学的基本立场(态度)。

冯友兰、金岳霖力求表现中国哲学民族性的倾向在后来冯友兰的《贞元六书》和金岳霖的《论道》中淋漓尽致地表现出来。关于《论道》一书,冯友兰如是评价:"《论道》这个体系,不仅是现代化的,而且是民族化的。关于这一点,金岳霖是自觉的。""现代化与民

---

① 冯友兰:《怎样研究中国哲学史?》,收入《三松堂全集》第11卷,郑州:河南人民出版社2000年12月二版,第403页。

族化融合为一,《论道》的体系确切是'中国哲学'。"①冯友兰的《贞元六书》构造了一个"新理学"体系,他宣称自己的"新理学""是'接着'宋明以来底理学讲底,而不是'照着'宋明以来底理学讲底"。"中国需要现代化,哲学也需要现代化。现代化的中国哲学,并不是凭空创造一个新的中国哲学,那是不可能的。新的现代化的中国哲学,只能用近代逻辑学的成就,分析中国传统哲学中的概念,使那些似乎是含混不清的概念明确起来,这就是'接着讲'与'照着讲'的区别。"②也就是说,冯友兰的"新理学",其历史的出发点虽是宋明理学,但他逻辑的起点却是近代逻辑学,这是他区别于旧理学的所在。

综上所述,以冯友兰为代表的新理学和以梁漱溟为代表的新心学在五四以后对胡适的哲学观有了新的反动和超越。这种反动和超越主要是以强调中国哲学的特殊性(指中国哲学"实质的系统")和追求建立现代性与民族性相统一的中国哲学体系为指向。在西方文化处于强势文化的时代,这样一种趋向并没有因全球化的浪潮而稍减其发展的势头,这说明中国哲学自身具有强大的生命力。经过一个多世纪的交流和学习,中国学者已经将西方哲学引进中国,并以之解析中国的传统哲学。与此同时,中国学者(尤其是梁漱溟、冯友兰为代表的现代新儒家)也强烈地意识到中国哲学内容的特殊价值及其表现样式的差异性,他们希望

---

① 冯友兰:《中国现代哲学史》,广州:广东人民出版社1999年8月版,第195、198页。

② 同上书,第200页。

摆脱那种附会西方哲学的被动状态,表现中国哲学应有的精彩,使之在现代世界重放光芒,这样一种使命感在民族文化濒临危亡时愈加显现,1930年代以后逐渐成为中国哲学界的一种主流选择。

欧阳哲生讲

胡适

第五章

中国现代哲学史上的胡适

北京大学哲学系在建系90周年(1914—2004年)之际,为总结该系学术研究成就,陈来先生主编一套"北大哲学门经典文萃",选收在该系任教的十位名家的代表作,以彰显北大哲学系的历史传统。主编设计每位名家一卷,其中有"胡适卷"。承蒙陈来先生的"钦点",邀约我编辑此卷,共襄盛举。

编辑《北大哲学门·胡适卷》,我以为这等于发问:胡适对中国现代哲学做出了什么贡献?胡适的哲学成就对北大的哲学学科建设具有什么样的意义?尝试回答这两个问题,是撰写《北大哲学门·胡适卷》前言的要旨所在。

1923年12月蔡元培先生应《申报》社之约撰文发表《五十年来中国之哲学》,内中提到:中国人与哲学的关系,"可分为西洋哲学的介绍与古代哲学的整理两方面"①。其中特别提及胡适的即为:一是从介绍西洋哲学这方面看,"胡氏可算是介绍杜威学说上最有力的人";二是从整理古代哲学而言,"绩溪胡适把他在北京大学所讲的《中国哲学史大纲》上卷,刊布出来,算是第一部新的哲学史"②。蔡先生发表这段话时,胡适不过32岁,尽管他的生命后来还延续了39年,他的哲学研究工作仍在继续,但他与中国哲学的关系,他对北大哲学学科建设所发挥的作用,并未脱离蔡先生所提示的轨迹。因此,我们今天来总结胡适的哲学成就时,大体也只能从介绍西洋哲学和研究中国哲学(或中国思想)这两方面来讨论。

一、介绍西方哲学

在胡适之前,中国学人介绍西洋哲学有严复、李石岑、王国维诸人,但他们主要介绍的是欧洲哲学。具体的说,严复迻译英国哲学家赫胥黎、斯宾塞、约翰·穆勒等人的作品;李石岑介绍法国哲学家卢梭、伏尔泰、拉马克等人的学说,王国维评述德国哲学家叔本华、尼采的思想。介绍美国这块"新大陆"的哲学则自胡适始,他对美国本土哲学的系统介绍始于1919年4月

---

① 蔡元培:《五十年来中国之哲学》,收入《中国现代学术经典丛书·蔡元培卷》,石家庄:河北教育出版社1996年8月版,第329页。
② 同上书,第359页。

15日在《新青年》上发表的《实验主义》一文,这篇论文从辨析"实验主义"名称的"引论"开始,到逐一介绍皮耳士、詹姆士、杜威的学说,尤其是对杜威哲学的推介给予了较大的篇幅,反映了胡适对杜威的"应用主义"(或"器具主义",Instrumentalism)的偏爱。胡适之所以将这派哲学的中文译名定为"实验主义",是因为他认为:"'实际主义'(Pragmatism)注重实际的效果;'实验主义'(Experimentalism)虽然也注重实际的效果,但他更能点出这种哲学所最注意的是实验的方法。实验的方法就是科学家在试验室里用的方法。这一派哲学的始祖皮耳士常说他的新哲学不是别的,就是'科学试验室的态度'(The Laboratory attitude of mind)。这种态度是这种哲学的各派所公认的,所以我们可用来做一个'类名'。"①对自己的这篇文章,胡适颇为自信,1921年7月4日他在日记中写道:"我当初本想不把《实验主义》全部抄入,现在仔细看来,这几篇确有存在的价值。恐怕现在英文的论'实验主义'的书,如 Murray 的《Praganatism》之类——没有一部能比我这一本小册子的简要而精彩。"②遗憾的是,后来许多国人囿于偏见,有意无意地扭曲胡适的本意,常常使用"实用主义"这一在中文中明显带有贬意的名称。《实验主义》发表于杜威来华讲学前夕,它对实验主义的系统评介等于是为杜威来华讲学做了一个巨大的广告。

---

① 《实验主义》,《胡适文存》卷二,收入《胡适文集》第2册,北京:北京大学出版社1998年11月版,第208—209页。
② 《胡适的日记》,香港:中华书局1985年9月初版。第125页。

杜威在华讲学长达两年（1919年4月30日—1921年7月），为"实验主义"在华夏大地布道，同时也将近代以来的中美文化交流推向了一个新的高潮。在杜威的巡回讲学中，胡适与杜威的其他嫡传弟子蒋梦麟、陶行知、刘伯明等随侍左右，为其讲演担任翻译。胡适出力尤大，杜威在北京、天津、山西、山东等处的讲演几乎全为胡适担任口译，经胡适翻译而整理出来的《杜威五大讲演》（1920年8月《晨报》出版）影响极大，短短一年间，即已印行11版，每版都在一万册以上，实验主义蔚然成为五四时期最有影响力的西方哲学理论，对推动当时的思想解放运动起了积极的作用。以后，胡适又在北大开设"杜威著作选读"（1921年10月），与唐钺合译杜威的哲学著作《哲学的改造》（1934年商务印书馆出版），毫不掩饰地多次公开宣布自己是"实验主义的信徒"，他的政治主张和学术方法都是为了践行实验主义。抗战期间胡适撰写了讨论杜威政治哲学的两篇英文论文：《工具主义的政治哲学》（The Political Philosophy of Instrumentalism）和《作为一种工具主义的政治概念》（Instrumentalism as a Political Concept）。胡适晚年以"杜威哲学"（1952年12月）、"杜威在中国"（1959年7月）为题发表演讲。可以说，胡适终其一生从理论传播到学术研究，都身体力行地推行实验主义，成为实验主义哲学在中国的第一传人。

胡适介绍西方哲学的另一项工作就是在北大首先开设西方哲学史课程。1917年9月胡适来北大任教之初，即在哲学系开设"西洋哲学史大纲"一课，另在哲学门研究所承担"欧美最近哲学之趋势"一课，指导学生冯友兰、张崧年、唐伟①。据冯友兰先生回忆：1915年9月他进入北大，"但是并没有达到我原来要学习西方哲学的目的。当时的北京大学，照章程上说，有三个哲学门：中国哲学门、西洋哲学门和印度哲学门。实际上是印度哲学门压根就没人提。西洋哲学门，本来说是要在1915年开的，可是只找到了一位教授，名叫周慕西，不久他就去世，所以也开不成了。已经开的只有中国哲学门，这个学门已经有了比我高的一班，我们这班算是这个学门的第二班"②。由此不难看出当时北大哲学门西洋哲学史这一科目教学状况的窘境。胡适登上北大讲台，实为填补这一空白。可惜这方面他留下的材料只有一部《西洋哲学史大纲》讲义残稿，内容仅有"导言"和"希腊哲学"部分③。

胡适还写过一篇《五十年来之世界哲学》。1922年《申报》为纪念该报50周年编辑、出版一册《最近五十年》，邀约各领域最有代表性的学者撰稿。其中涉及哲学部分的《五十年来之中国哲学》由蔡元培先生承担，而胡适被分配撰写《五十年来之世界哲学》，可见胡适当时被人们看成是这方面的最佳人选。胡适之前，虽有不少学者介绍西洋哲学，但他们却大多没有在欧美系统接受西方哲学教育和训练的经历，更说不上像胡适这样经历了从学士到博士一个完整的学术训练

---

① 《哲学门研究所》，载1917年11月29日《北京大学日刊》第12号。

② 冯友兰：《三松堂自序》，收入《三松堂全集》第1册，郑州：河南人民出版社1985年9月版，第186页。

③ 手稿影印本收入《胡适遗稿及秘藏书信》第9册，合肥：黄山书社1994年12月版。第219—281页。整理本收入《胡适全集》第7册，合肥：安徽教育出版社2003年9月版，第272—323页。

过程，因此他们对西方哲学的介绍只可能是个别的、或随感性的，而"五十年来之世界哲学"这样一个题目对当时的中国学术界来说，显然是一个前沿课题，它需要在欧美国家有过系统哲学训练背景，且对欧美哲学的最新发展动态有详尽了解的学者才可能承担。在《五十年来之世界哲学》一文中，胡适着重介绍了新意象主义、尼采的哲学、演化论的哲学、实验主义、柏格森的哲学、新唯实主义、政治哲学（此节由高一涵代作）。这几方面的内容大都虽已有学者在某一方面做过专题介绍，但胡适独立承担，并在一篇只有三万三千多字的文章里，对如此纷繁的哲学流派做一有力的介绍，决非一般行家能够做到。窥察这两件事例，在五四时期中国的西方哲学史教学和研究中，不难看出胡适发挥了筚路蓝缕的作用。

二、中国哲学史（思想史）研究

胡适将"新思潮的意义"概括为："研究问题，输入学理，整理国故，再造文明。"①对他个人来说，"整理国故"则为中国文学史和中国哲学史"两大目标"，后来他又"喜欢把'中国哲学史'改称为'中国思想史'"。胡适晚年自认："这两方面也是我留学归国以后，整个40年成熟的生命里'学术研究'的主要兴趣之所在。"②

---

① 《新思潮的意义》，《胡适文存》卷四，收入《胡适文集》第2册，北京：北京大学出版社1998年11月版，第551页。
② 《胡适口述自传》第十二章《现代学术与个人收获》，收入《胡适文集》第1册，第415页。

胡适一生研究中国哲学史(思想史),大致可分三个阶段:第一阶段是在 1919 年以前,主要研治中国古代哲学史,其代表作为其英文博士论文《先秦名学史》和在北大的讲义《中国哲学史大纲》(卷上)。

胡适萌发研究中国哲学史(思想史)的念头是 1905—1906 年在上海澄衷学堂读书时期,当时他阅读了梁启超的《中国学术思想变迁之大势》这部著作,梁启超在书中"分中国学术思想史为七个时代",即:一、胚胎时代(春秋以前),二、全盛时代(春秋末及战国),三、儒学统一时代(两汉),四、老学时代(魏晋),五、佛学时代(南北朝、唐),六、儒佛混合时代(宋元明),七、衰落时代(近 250 年)。但梁氏未写完此书,胡适"眼巴巴的望了几年",在失望之余,他忽发野心:"我将来若能替梁任公先生补作这几章缺了的中国学术思想史,岂不是很光荣的事业?"这一点野心就是他"后来做《中国哲学史》的种子"①。

1912 年春,胡适在美国康乃尔大学由农学院转入文学院,其主修即为哲学和心理学。1915 年秋,胡适进入哥伦比亚大学文学院,主修仍为哲学,受导师杜威先生"论理学之宗派"一课的影响,胡适决定将他的博士论文选题定为"中国古代哲学方法之进化史"(*A Study of the Development of the Logical Method in Ancient China*,1922 年亚东图书馆出版时中文名改为《先秦名学史》),此论文的撰稿大约 1916 年 5 月即已启动,至

---

① 胡适:《四十自述·在上海(一)》,载《胡适文集》第 1 册,第 73 页。

1917年4月27日完稿①。1922年在国内由亚东图书馆正式出版时改名为《先秦名学史》(The Development of Logical Method in Ancient China, 出版时胡适可能小有修改)。写作这篇论文，胡适抱有一个雄心："但愿它成为用中文以外的任何语言向西方介绍古代中国各伟大学派的第一本书！"这一点似与此前在哥大留学的陈焕章写作的博士论文《孔门理财学》(The Economic Principles of Confucius and His School) 有异曲同工之处。陈书是中国留美学生第一本以西方经济理论分析孔儒经济思想的博士论文，而胡书则是第一本以西方哲学方法研讨中国古代哲学的博士论文，在这一点上胡适可能是受到陈书的影响，至少可能受到间接的影响，因为曾为陈书作序的夏德教授(Friedrich Hirth)亦为胡适的"汉学"一课的教师，胡适与他也有着密切的联系②。事实上，胡书在论证主题上与陈书也有着密不可分的关系，胡书写作的一个重要动机是与陈焕章所推动的孔教运动进行论辩，这一点胡适在导论中毫不掩饰地承认③。陈氏是抱着阐述孔教学理的目的来写作他的博士论文，而胡适则是抱着参与反对孔教运动的动机来写作自己的博士论文，他把阐述非儒学派的思想学说和恢复儒家学派的原初地位作为自己写作

---

① 关于胡适写作博士论文的时间，他本人提供了两个开始写作的时间，一是1916年5月10日《致母亲》一信提到"儿之博士论文，略有端绪"。《胡适全集》第23册，合肥：安徽教育出版社2003年9月版，第99页。二是他在1917年5月4日日记中记道："原稿始于去年八月之初。"《胡适全集》第28册，第555页。此两说，笔者从前一说。

② 《胡适口述自传》第五章《哥伦比亚大学和杜威》，收入《胡适文集》第1册，第260—261页。

③ 胡适：《先秦名学史·导论 逻辑与哲学》，收入《胡适文集》第6册，第11页。

的两大目标。但胡适与陈焕章两人的博士论文在哥大的命运却大相径庭。陈书受到哥大两位权威学者：夏德(Friedrich Hirth,汉学教授)、西格(Henny R. Seager,经济学教授)的大力推荐,荣幸地挤身于由哥大政治学教师编辑的"历史、经济与公共法丛书";而胡适的博士论文却在博士论文答辩中未能顺利通过,当年他没能顺利拿到博士学位。其中的原因至今仍是一个让人们迷惑的悬案。但夏德教授给陈书作序表现出的好感所产生的先入为见的偏见,很可能是阻碍胡适论文通过的重要原因。胡适博士答辩的受挫,反映了欧美知识界对中国文化的主流看法很大程度上仍受传教士(他们往往在西方被视为中国通)观点的支配,正是这些传教士对清末民初的孔教运动抱以热烈的支持①,而对方兴未艾的新文化运动,他们却视而不见。

《中国哲学史大纲》(卷上)是胡适在北大的讲义,此课先前由颇具旧学根柢的老先生陈汉章讲授,胡适接任此课,对他无疑是一个强烈的挑战。但与在哥大的命运不同,胡适获得了巨大的成功。1919年2月他的讲义在商务印书馆出版后,不到两个月就重印再版,在知识界产生了轰动性的效应,众多名家对之评点。这部书的成功得益于胡适具有系统的西方哲学训练和中国汉学训练的学术背景,这一点为蔡元培先生在序中所点明。而胡适此书成功背后还有一个常被人忽略的政治背景,即北大作为新文化运动的大本营,当时正

---

① 参见陈焕章:《孔教论》,香港:孔教学院1990年12月九版。此书前有美国李佳白、英国梅殿华、英国李提摩太、德国费希礼的序,这些人显然代表西方传教士和所谓"中国通"的主流观点。

在寻找各种攻击康有为、陈焕章领导孔教运动的有力武器,胡适此书无论在学术方法上,还是在学术观点上,都与康、陈相对立,而与当时北大的主流派章太炎派(即汉学派)相一致。正如胡适的"文学革命"主张在保守的留美学生中应者寥寥,而在国内因得到陈独秀的鼎力推荐,在国内激起巨大反响一样;胡适的《中国哲学史大纲》因有蔡元培先生这位新文化运动"保护神"作序予以大力推荐,亦迅速成为新学术的典范①。

第二阶段从1919年至1937年,主要代表作为《戴东原的哲学》(1925年)、《中国中古思想史长编》(1930年)、《中国中古思想小史》(1931年)等。

出版《中国哲学史大纲》(卷上)后,胡适有意续写下去,他在北大开设了"中国中古思想史"、"近世中国哲学"、"清代思想史"等课,留有手稿:《中国哲学史大纲》(卷中)、《中国哲学小史》、《近世哲学》、《清代思想史》②。发表了《记李觏的学说》(1922年)、《费经虞与费密》(1924年),出版专著《戴东原的哲学》(1925年)。1922年2月23日哥伦比亚大学方面聘请胡适赴该校任教的邀请函到达胡适的手里,胡适"颇费踌躇",最后考虑到要续写完《哲学史》中下卷,还是"拟辞不去"③。

---

① 关于对胡适《中国哲学史大纲》(卷上)一书各家观点的述评,参见拙作:《自由主义之累——胡适思想之现代阐释》,南昌:江西教育出版社2003年7月版,第126—143页。
② 《中国哲学史大纲》卷中收入《胡适遗稿及秘藏书信》第6册。《中国哲学小史》、《近世哲学》、《清代思想史》收入《胡适遗稿及秘藏书信》第7册。
③ 《胡适全集》第29册,第523页。

1927年5月胡适从欧美访问归来,落居上海。在上海的三年半,是胡适"一生最闲暇的时期",他写作了"约莫有一百万字的稿子",其中有《中国中古思想史长编》,"有十几万字的中国佛教史研究"(包括《神会和尚遗集》和《荷泽大师神会传》)。1930年11月胡适回到北平,继续做中国思想史的专题研究,又发表了《说儒》(1934年)、《楞伽宗考》(1935年)、《颜李学派的程廷祚》(1936年)等专题论文。与此同时,他还在北大哲学系开设"中国哲学史"(1931年9月—1932年6月、1932年9月—1933年6月、1936年9月—1937年6月)、"中古思想史"(1932年2月—6月)、"中国近世思想史问题研究"(1934年9月—1935年6月、1936年9月—1937年6月)、"汉代思想史"、"唐宋思想史"(1936年9月—1937年6月)等课。看得出来,胡适有意写作一部新的《中国思想史》。

胡适在上海动手写《中国中古思想史长编》时,就"决定不用《中国哲学史大纲卷中》的名称了",他把《中国哲学史大纲》改名为《中国古代哲学史》收入商务印书馆的"万有文库"版,以便让其单独流行,而打算用自己"中年以后的见解来重写一部《中国古代思想史》"①。为什么不续写"中国古代哲学史",而要重写一部"中国古代思想史"? 对于这个问题,胡适本人并没有细加说明。从他后来成稿的《中国中古思想史长编》、《中国中古思想小史》可以看出,他很难再采取

---

① 胡适:《〈中国古代哲学史〉台北版自记》,收入《胡适文集》第6册,第158页。

《中国古代哲学史》的写法来处理中古时期（公元前200年至公元1000年）的哲学史，这是因为这一段"宗教化的普遍"影响到"思想的宗教化"①，故要写一部纯粹的"哲学史"著作已不可能，他研治中古思想史时有一个看法，"讲思想史必不离开宗教史，因为古来的哲学思想大都是和各时代的宗教信仰有密切关系的"②。故胡适的中古思想史研究，宗教史所占比重很大，这是他治中古思想史的一个特点③，这一特点甚至反映在1934年他发表的《说儒》一文中，他以西方人解释基督教的方式来说明中国原始儒家的兴起更是表明了类似的倾向；另外一个原因可能是与胡适对中西哲学的关系的看法有关，在写作《先秦名学史》时，胡适已表示："如果用现代哲学去重新解释中国古代哲学，又用中国固有的哲学去解释现代哲学，这样，也只有这样，才能使中国的哲学家和哲学研究在运用思考与研究的新方法与工具时感到心安理得。"④这样一种"中西互释"的设想只能说是一种理想。在实际处理中，往往是把西方哲学作为一种普遍范式运用于中国哲学领域⑤，这样中国哲学就不可避免地"西化"、"洋化"、"欧

---

① 参见胡适：《中国中古思想小史》第一讲《中古时代》，收入《胡适文集》第6册，第629页。
② 胡适：《中国中古思想小史》，收入《胡适文集》第6册，第632页。
③ 有关胡适中古思想史的评述，参见楼宇烈：《胡适的中古思想史研究述评》，收入耿云志、闻黎明编：《现代学术史上的胡适》，北京：三联书店1993年5月版，第45—59页。
④ 胡适：《先秦名学史》导论《逻辑与哲学》，载《胡适文集》第6册，第11页。
⑤ 有关这方面的意见，参见蔡元培：《中国哲学史大纲》序，收入《胡适文集》第6册，第155页。冯友兰：《怎样研究中国哲学史？》，收入《三松堂全集》第11卷，第403页。

化"、"美(国)化"、"汉(学)化"。金岳霖批评胡适的《中国哲学史大纲》"有的时候简直觉得那本书的作者是一个研究中国思想的美国人;胡先生于不知不觉间流露出来的成见,是多数美国人的成见"①。就是这样一个道理。梁漱溟的《东西文化及其哲学》将世界文化区分为三:西方、中国、印度,并对这三大系统的文化作了区隔。他的观点引起了极大的争议,胡适对之持激烈的反对态度②。但梁氏的观点唤起了人们对中国文化及其哲学的特殊性的重视,也引发了中国学术界对于中西哲学相互关系的重新思考,此后出现的冯友兰的《中国哲学史》在某种程度上反映了这一新的趋势③。1926年8月傅斯年得知胡适在撰写中古哲学史时,曾给胡适一信,率直地批评胡适的《中国哲学史大纲》:"这本书的长久价值论,反而要让你的小说评居先。何以呢?在中国古代哲学上,已经有不少汉学家的工作者在先,不为空前;先生所用的方法,不少可以损益之处,难得绝后。"这可能是胡适周围的朋友中对《中国哲学史大纲》最为低调的评价。类似傅斯年这种贬胡适的《中国哲学史大纲》,而抬其中国古典小

---

① 金岳霖:《审查报告二》,冯友兰:《三松堂全集》第2卷,第379—380页。
② 《读梁漱溟先生的〈东西文化及其哲学〉》,《胡适文存二集》卷二,收入《胡适文集》,第182—199页。
③ 有关冯友兰对梁漱溟的《东西文化及其哲学》一书的评论,参见其英文论文 Liang Shu-ming: Eastern and Western Cultures and their Philosophies, 此文刊于哥伦比亚大学《哲学杂志》第19卷第22期。冯氏对梁书的反应与胡适有很大不同。参见蔡仲德:《冯友兰先生年谱初稿》,收有此文的中译文,郑州:河南人民出版社2000年12月版,第58页。

说考证的倾向,陈寅恪亦有之①。在傅斯年看来,"因为中国严格说起,没有哲学,(多谢上帝,使得我们大汉的民族走这么健康的一路!)至多不过有从苏格拉底以前的,连柏拉图的都不尽有。……故如把后一时期,或别个民族的名词及方式去解决它,不是割离,便是添加。故不用任何后一时期印度的、西洋的名词和方式"②。说中国没有哲学(实际上是没有西方意义上的哲学),这并不是傅斯年的发明,西方学者早有此类观点,迄今这种观点仍持续不断。但强调依照中国"方术"的原形研治中国哲学史或中国思想史这样的论调,从傅斯年这样比较欧化的留学生口中发出,对胡适不能不产生震撼性的作用。当胡适的研究工作由上古移至中古,他所面对的是一个更为庞杂的思想系统,他显然感到以一种比较固定的西方哲学形式来处理这样一个庞杂的中国思想系统已不可能,故不如采取一种比较灵活、宽泛的办法来处理,这样给自己的写作以更大的空间,以便能反映丰富的中国思想史内容,这也许是他改写一部《中国思想史》的动机。实际上,20世纪30年代以后,随着中国哲学史研究的深入,中国哲学史研究的"思想史"色彩越来越浓厚,出现这样一种情形,一方面与中国哲学史自身的内容相关,即中国哲

---

① 参见陈寅恪:《冯友兰〈中国哲学史〉上册审查报告》,收入《陈寅恪集·金明馆丛稿二编》,北京:三联书店2001年7月版,第279—281页。此文虽明评(扬)冯友兰的《中国哲学史》,却暗寓有贬胡适的《中国哲学史大纲》之意。陈寅恪对胡适的中国古典小说考证评价很高,参见邓广铭:《在纪念陈寅恪教授国际学术讨论会闭幕式上的发言》,收入《邓广铭文化学术随笔》,北京:中国青年出版社1998年4月版,第214页。

② 《致胡适》,收入《傅斯年全集》第7卷,长沙:湖南教育出版社2003年9月版,第38页。

学本身相对于西方哲学来说,更注重对人生哲学和政治哲学的思考,在写作方式上也表现出更为随意、灵活的样式;一方面是近代中国的历史环境使然,近代中国的大思想家的思想和著述活动,往往构成时代思潮的中心,"要想在他们的思想和活动之外另找一个纯哲学的中心问题,那是不现实的,也是不可能的"①。胡适的特殊地位多少也受到这一限制。由于当时中国濒临深重的民族危机和政治危机,胡适的"中古思想史"写作也加大了政治思想史的篇幅,他特意将其中的第五章——《淮南王书》出版单行本,且在面见蒋介石时,将此书赠给蒋氏,以委婉地表达自己对现实政治的关切和不满,即是一例。

第三阶段从 1937 年到 1962 年去世,这时期胡适除了 1946 年 7 月至 1949 年 4 月在大陆,1958 年至 1962 年 2 月在台北外,其他时间几乎全在欧美(主要是在美国)。由于工作、生活环境的变更,受众对象的改变,胡适的学术研究工作也受到了极大的影响,他这一阶段很少用中文撰写有关中国哲学史(思想史)方面的论著,留下的主要是一些英文论文或讲演稿,如《中国思想史纲要》(*Chinese Thought*,1942、1946 年)、《中国人思想中的不朽观念》(*The Concept of Immortality in Chinese Thought*,1945 年)、《中国传统中的自然法则》(*The Natural Law in the Chinese Tradition*,1951 年)、《佛教禅宗在中国:它的历史与方法》(*Ch'an (Zen) Buddhism in China: Its History and Method*,1952

---

① 冯友兰:《中国哲学史新编》第 6 册,北京:人民出版社 1989 年 1 月版,第 2 页。

年)、《古代亚洲世界的权威与自由》(*Authority and Freedom in the Ancient Asian World*,1954年)、《古代中国思想中怀疑的权力》(*The Right to Doubt in Ancient Chinese Thought*,1954年)、《杜威在中国》(*John Dewey in China*,1959年)、《中国哲学里的科学精神与方法》(*The Scientific Spirit and Method in Chinese Philosophy*,1959年)、《呼吁系统地调查多年散失在日本的唐代早期禅宗资料》(*An Appeal for a Systematic in Japan for Long-Hidden T'ang Dynasty Source-Materials of the Early History of Zen Buddhism*,1960年)、《中国传统与将来》(*The Chinese Tradition and the Future*,1960年)、《科学发展所需要的社会改革》(*Social Changes and Science*,1961年)等。这些英文文章或向美国民众介绍中国哲学思想,或与美国学术界展开对话、辩论。在当时中国哲学界,像胡适这样在美国大量发表自己的英文作品,并产生了广泛影响者,可以说极为罕见。

与他在国内发表的中文作品不同,胡适的英文作品较多地是向外国人正面介绍中国哲学(中国思想),或者反驳西方学者对中国文化的偏见,这表现了胡适的中国情怀的另一面,他在《中国哲学里的科学精神与方法》一文中根据中国哲学史,反驳了西方学者诺斯洛浦(Filmer S. C. Northrop)所谓"东方人用的学说是根据由直觉得来的概念造成的,西方人用的学说是根据由假设得来的概念造成的"这种"东西二分的理论",认为其"是没有历史根据的,是不真实的"①,即是

---

① 胡适:《中国哲学里的科学精神与方法》,收入《胡适文集》第12册,第396—421页。

一个实例。有趣的是,冯友兰在他的英文版《中国哲学简史》一书中,却接受了诺斯洛浦以直接和假设的概念类型来区分中西哲学史的观点,以为他"抓住了中国哲学和西方哲学之间的根本区别"①。在英文世界,冯、胡对诺斯洛浦的依违之差,与他们在中文世界处理中西文化的态度似乎交换了位置,产生这一情形的原因颇耐人寻味。

胡适一生只留下《先秦名学史》(*The Development of Logical Method in Ancient China*)、《中国的文艺复兴》(*The Chinese Renaissance*)两部英文著作,他原还有写作英文本的《中国哲学史》的打算。胡适最早设想写作英文本《中国哲学史》的想法是在1920年9月,当时他考虑接受哥伦比亚大学邀请去该校任教,以便"作英译哲学史"②,后来哥大聘书果然来了,但胡适又改变这一主意③。1927年1月胡适来到美国,应邀在哥大中文系作过六次以"中国哲学中的六个时期"为题的英文演讲,获得了哥大师生的热烈反响,胡适遂计划利用这些讲稿,"预备将来修正作一本英文书",并称"我的《哲学史》上册,先作英文的《名学史》。今又先作英文的全部《哲学小史》,作我的《新哲学史》的稿子,也是有趣的偶合"④。遗憾的是,胡适为准备这些演讲所写的讲稿,今天仍不知存在何处。迄今出版的《胡适英文文存》和《胡适全集》都未见收入这些讲稿。

---

① 冯友兰:《中国哲学简史》,收入《三松堂全集》第8册,郑州:河南人民出版社1989年11月版,第22页。
② 参见胡适1920年9月4日日记,《胡适全集》第29册,合肥:安徽教育出版社2003年9月版,第203页。
③ 《胡适全集》第29册,第523页。
④ 《胡适全集》第30册,第481页。

这个想法一直延续到胡适的晚年,1944年11月至1945年5月胡适在哈佛大学讲授"中国思想史",课程结束时,胡适亦曾打算将讲稿整理成书,他在1945年5月21日给王重民的信中说:"此间教课,每讲都有草稿,用'拍纸'写。夏间想整理成一部英文《中国思想史》。"①1950年代初,胡适读到1948年由美国麦克米兰公司出版的冯友兰著英文本《中国哲学简史》(*A Short History of Chinese Philosophy*),颇感不快②。胡、冯两人先后在哥大留学,同学一个专业,又同治中国哲学史,故人们喜欢将他俩进行比较,两人又曾就老子的年代问题等学术问题展开过激辩,胡、冯两人似乎成为一对学术"冤家",在行家的眼里,冯友兰大有后来居上的势头。当胡适收到普林斯顿大学"Special Program in the Humanities"主席 Prof Whitney J. Oates 的来信,提名他为 Alfred Hodder Fellowship 之候选人时,他即打算"把《中国思想史》的英文简本写定付印"③。究竟是这一计划未付诸实现,还是因胡适本人另有其他工作,我们最终还是没有看到他的英文本《中国思想史》付梓,这大概是胡适晚年所抱憾的未能完成的两、三部书之一吧! 在英文世界里,我们今天看到的流行的介绍中国哲学的著作,仍然是冯友兰的《中国哲学简史》和《中国哲学史》德克·包德(Derk Bodde)的英译本。

胡适治中国哲学史(思想史),重视依据历史材料

---

① 《致王重民》,载《胡适全集》第25册,第135页。
② 参见1950年1月5日胡适日记:"前些时曾见冯友兰的 *A Short History of Chinese Philosophy*,实在太糟了。我应该赶快把《中国思想史》写完。"《胡适全集》第34册,第5页。
③ 《胡适全集》第34册,第5页。

呈现历史原形,力求挖掘被压抑的异端思想和非正统学说,这是他的优长,这样一种讲究实证、崇尚自由的学风与着意表现道统和注重阐释义理的现代新儒家迥然不同。作为近现代中国思想文化史上的一代大师,胡适的中国哲学史研究在该学科亦占有十分重要的历史地位。他的《先秦名学史》是五四时期反对孔教运动的经典学术文献,他的《中国哲学史大纲》已被公认为中国哲学史研究范式的一次革命,他的中古思想史有关道家、佛教和儒家宗教化的精湛研究,他对以神会和尚为中心的禅宗史新材料的挖掘和考证,他在北大哲学系长期任教(1917年9月—1926年7月、1931年2月—1937年6月)所培养的一批又一批学生,这些工作都足以奠定他在中国哲学史学科的一代宗师地位。

三、胡适哲学成就的检讨

胡适的哲学成就无论是在输入欧美哲学方面,还是在中国哲学史研究方面,他的代表作都是在40岁以前就已完成。可以说,他的哲学著述相对早熟,像《先秦名学史》、《中国哲学史大纲》(卷上)、《实验主义》这几部代表作则更早,都是在30岁以前就已出版,胡适算得上是近代中国成名最早的哲学家了。

以胡适所受到的哲学训练和他所具有的学养来说,他的一生应该留下一部更为完整、更为成熟的《中国哲学史》或《中国思想史》,甚或如他自己所计划的再写一部英文《中国哲学史》,可惜这些他都未能如愿完成,这多少成为我们总结他一生哲学研究工作所深感遗憾之处。

限制胡适哲学研究的内在原因是他以汉学家的方法研治中国哲学史。梁启超综论清代学术,以胡适为殿军,称其"亦用清儒方法治学,有正统派遗风"①;蔡元培为胡适《中国哲学史大纲》作序时称赞胡适"禀有'汉学'的遗传性"②;冯友兰比较自己与胡适治中国哲学史的各自特点时,亦点明其中一点就是"汉学与宋学的不同",他批评胡适道:"他的书既有汉学的长处又有汉学的短处。长处是,对于文字的考证、训诂比较仔细;短处是,对于文字所表示的义理的了解、体会比较肤浅。宋学正是相反。它不注重文字的考证、训诂,而注重于文字所表示的义理的了解、体会。"③话中寓含贬意,以为胡适的中国哲学史没有阐释,此说并不完全客观,但点明胡适的中国哲学史注重材料的考证,这一点并不为过。

胡适治中国哲学史的确首先看重史料的采用,他以为治中国哲学史"第一步须搜集史料,第二步须审定史料的真伪,第三步须把一切不可信的史料全行除去不用,第四步须把可靠的史料仔细整理一番:先把本子校勘完好,次把字句解释明白,最后又把各家的书贯串领会,使一家一家的学说,都成有条理有系统的哲

---

① 《梁启超论清学史二种·清代学术概论》,上海:复旦大学出版社1985年9月版,第6页。
② 蔡元培:《中国古代哲学史》序,收入《胡适文集》第6册,第155页。
③ 冯友兰:《三松堂全集》第1册,郑州:河南人民出版社1985年9月版,第208页。

学。做到这个地步,方才做到'述学'两个字"①。他反对甚或不采用未经考证的"存疑"的材料,以这样一种方法治中国哲学史,对学者所提出的要求自然很高,它需要学者从一个一个具体的问题研究入手,才可能构筑通论性的中国哲学史。胡适给自己规定的工作程序也是如此,先做"整理原料"性的"长编"和专题性的研究,在此基础上再写通史②。正是这一要求的限制,胡适治中国哲学史(思想史),需要从一个一个具体的专题研究着手,这自然是颇费时日,以至他终身未能完成一部通论性的中国哲学史。有些学者(如梁漱溟)或以为胡适不懂佛学,故没能写完中国哲学史,此说实不能成立。冯友兰曾明白承认自己的《中国哲学史》有两个弱点:"第一点是,讲佛学失于肤浅。""第二点是,讲明清时代,失于简略。"③如以这两点来比较胡、冯,胡适可能还要占上风,尤其是对于中国的禅宗史研究,胡适本人还有不少发明④。有些学者(包括冯友兰)则以为胡适治中国哲学史,过于强调考证,而忽略理解。劳思光甚至说:"胡先生写这部书有一个极大的缺点,就是,这部书中几乎完全没有'哲学'的成分。""我们如果着眼在中国哲学史的研究风气中,则我们固可以推重胡先生作品,承认它有开风气的功用,但若以哲学

---

① 胡适:《中国古代哲学史》第一篇《导言》,收入《胡适文集》第6册,第183页。
② 参见《台北商务印书馆影印本〈淮南王书〉序》,收入《胡适文集》第6册,第617页。
③ 冯友兰:《三松堂自序》第五章《三十年代》,收入《三松堂全集》第1册,郑州:河南人民出版社1985年9月版,第210页。
④ 有关胡适禅宗史研究的学术价值的评述,参见楼宇烈:《胡适禅宗史研究评议》,收入耿云志编:《胡适评传》,上海:上海古籍出版社1999年7月版,第501—508页。

史著作应具的条件来衡度胡先生这部书本身的价值，则我们只能说，这部书不是'哲学史'，只是一部'诸子杂考'一类考证之作。"①话中极尽讥讽之能事，它一方面表明哲学界的学风沿承"宋学"一路的学脉达到了巅峰，因而对胡适的开创之作表现出不屑的态度；一方面说明胡适的"汉学"特点和因这一特点所表现的拘谨，多少束缚了他对"义理"一面的极度挖掘。无论如何，由于胡适在学风上过于拘泥"汉学"的严谨，加上背负盛名的包袱，不敢随意铺陈通论性的中国哲学史，致使他一生未能如愿完成一部完整的《中国哲学史》或《中国思想史》，以致屡遭人诟病。

从学术环境来看，中国哲学界在20世纪20年代以后发生了极大的变化，1925年4月中国哲学会成立，中国哲学工作者开始有了自己相互探讨、相互切磋的学术组织；1926年清华大学创设哲学系，先后聘请金岳霖、冯友兰为系主任，他们以成为"一个东方的剑桥派"相标榜，这无异是在北大派之外别树一帜；1927年瞿菊通、黄子通诸人创刊《哲学评论》，这是第一家专门性质的哲学刊物，它实际由冯友兰负责主编；1941年中国哲学会西方哲学名著编译委员会成立，对西方哲学的译介被纳入科学化、组织化的管理；这些机构和组织的成立，对促进中国哲学的专业化建设有着极为重要的作用。但这些哲学界的新资源，由于胡适抗战时期长期出国在外而渐渐疏远，与冯友兰的关系则越来越密切，并逐渐成为后者为代表的现代新儒家

---

① 劳思光：《论中国哲学史之方法》，收入韦政通编：《中国思想史方法论文选集》，台北：大林出版社1981年版，第176—177页。

的主要阵地。这对胡适来说，显然失去了其应有的与哲学专业人士对话的渠道。20世纪30年代以后的中国哲学界，或借助革命的风潮向左朝着马克思主义方向发展，或利用文化民族主义的传统资源向右向现代新儒家这一方向演变。胡适夹在二者中间，没有能够建构起自己的哲学理论体系，一味地继续念"实验主义"这本经，与他在政治上构筑的自由主义群体和在史学上形成的北大——史语所派相比，在哲学领域，他可以说是势不成军，相对孤立，故在他之后，实验主义几无传人。

附录一

中国哲学史研究范式回顾

欧阳哲生讲
胡适

中国哲学史研究作为一门学科能够成立，是与胡适、冯友兰的典范性的工作分不开的。胡适所作的《中国哲学史大纲》于1919年2月出版，冯友兰的《中国哲学史》（上、下册）分别于1930年、1933年出版，此两书出版以后，在学术界一直有不同评论，而这些评论实际上又是围绕究竟如何建设中国哲学史这门学科而展开的，因此疏理这些意见，对于帮助我们建设中国哲学史这门学科，无疑会提供某种启示。

中国哲学史这门学科的建立，主要面临三大问题：一是如何确立中国哲学史的研究对象问题；二是应如何处理材料的问题；三是如何处理中国哲学史的实质与形式的关系。解决这三个问题,是这门学科能否确立和走向成熟的关键。胡适、冯友兰的中国哲学史研究实际上是在这三个问题上取得突破,从而完成了这一学科的建立过程。

胡适的《中国哲学史大纲》出版时,蔡元培先生为该书所作序言中,谈到了写作中国哲学史的两大难处:一是材料的处理,即考证材料的真伪;二是写作的形式,"中国古代学术从没有编成系统的记载"。"我们要编成系统,古人的著作没有可依傍的,不能不依傍西洋人的哲学史。所以非研究过西洋哲学史的人不能构成适当的形式。"①这里所说的"形式",不仅仅指方法,而且包括研究构架、使用概念、术语,甚至包括写作方式、语言,蔡先生列举了该书的四点长处,"第一是证明的方法",包括考订时代,辨别真伪和揭示各家方法论的立场;"第二是扼要的手段",也就是"截断源流,从老子、孔子讲起";"第三是平等的眼光",对儒、墨、孟、荀一律以平等眼光看待;"第四是系统的研究",即排比时代,比较论点,以见思想演进的脉胳②。其中第一、二条与处理材料有关,第三条是从内容上来讨论、把握的,第四条涉及到的是写作的形式。实际上,胡适的《中国哲学史大纲》的示范性意义并不仅仅局限于这四点。我以为,胡适的《中国哲学史大纲》(以下简称大纲)所标示的典范意义还有两点值得肯定:

一是确立了中国哲学史的研究对象。研究对象的

---

① 蔡元培:《中国古代哲学史》序,载《胡适文集》第6册,北京大学出版社1998年11月版,第155页。
② 同上书,第155—156页。

确定是一个学科得以成立的基本前提。《大纲》前的中国哲学史尚未摆脱传统经学注疏的阴影,分不清哲学与经学,哲学与哲学史的区别。胡适写作的《中国哲学史大纲》,开首就明确指出:"凡研究人生切要的问题,从根本上着想,要寻一个根本的解决,这种学问叫做哲学。"据此,他对哲学的门类进行概括,包括宇宙论、知识论、方法论、人生哲学、教育哲学、政治哲学、宗教哲学诸科。接着对哲学史又加以界说:"这种种人生切要问题,自古以来,经过了许多哲学家的研究。往往有一个问题发生以后,各人有各人的见解,各人有各人的解决方法,遂致互相辩论,……若有人把种种哲学问题的种种研究法和种种解决方法,都依着年代的先后和学派的系统一一记叙下来,便成了哲学史。"①这就在中国历史上第一次把哲学史明确地从传统学术史中划分出来,把各种非哲学的问题全部剔出哲学史的范围,并按自己对哲学的理解划分界定哲学史的对象和范围,对于哲学成为一门独立的学科具有筚路蓝缕之功。

二是在写作方式上,《大纲》也进行了大胆的创试,"在中国封建社会中,哲学家们的哲学思想,无论有没有新的东西,基本上都是用注释古代经典的形式表达出来,所以都把经典的原文作为正文用大字顶格写下来。胡适的这部书,把自己的话作为正文,用大字顶格写下来,而把引用古人的话,用小字低一格写下来,这表明,封建时代的著作,是以古人为主。而五四

---

① 《中国古代哲学史》第一篇《导言》,载《胡适文集》第 6 册,第 163—164 页。

时期的著作是以自己为主。这也是五四时代的革命精神在无意中的流露"①。《大纲》写作的另一特色就是用白话文写作,用新式的标点符号,这在中国学术史上也是第一次,这就从行文格式和使用语言上对中国传统学术进行革新,可以说是当时的白话文运动向学术领域推进的标志。

《大纲》对传统学术从内容到形式进行全面的变革,它所提供的系统性方法和整体性思维为新学科的创建提供了一个具有普遍性意义的范式。冯友兰誉之为"一部具有划时代意义的书",的确是不虚之言。以《大纲》为界标,中国学术划分为两个时代,在此之前是传统经学占统治地位的旧学术时代,在这之后是以现代思维统摄各个学科的新学术时代。

值得一提的是,在《中国哲学史大纲》出版以后,亦有各种不同意见甚至批评的言论。最引人注目的是梁启超先生所写的《评胡适之〈中国哲学史大纲〉》一文②和章太炎1919年3月27日回复胡适的信③,不过,梁、章二人的批评主要是涉及具体史实问题的商榷和批评,并不涉及胡著的上述诸点。真正从写作形式到处理方式对《大纲》提出批评的是在冯友兰先生的《中国哲学史》上册出版以后,最为人们所常引用的批评意见是陈寅恪、金岳霖两位先生为冯友兰先生的《中国哲学史》上册一书出版时所写的审查报告,两文

---

① 冯友兰:《三松堂全集》第1册,第201页。
② 梁启超:《评胡适之〈中国哲学史大纲〉》,收入《饮冰室合集·文集》三十八册,上海:中华书局1936年版。
③ 耿云志主编:《胡适遗稿及秘藏书信》第33册,合肥:黄山书社1994年12月版,第221—223页。

虽明为审查冯著，却都共同表达了一种扬冯抑胡的倾向，为冯著的特色进行辩护，显然这代表了对胡著批评的另一种声音。由于出自陈、金两位大家之手，与胡适分庭抗礼的另一刊物——《学衡》将之作为重磅炸弹登之于该刊。因此，这里我们有必要特别讨论陈、金两位先生的审查报告书。

陈寅恪先生的报告主要谈了两点意见：一是"凡著中国古代哲学史者，其对于古人之学说，应具了解之同情，方可下笔"。"盖古人著书立说，皆有所为而发；故其所处之环境，所受之背景，非完全明了，则其学说不易评论。而古代哲学家去今数千年，其时代之真相，极难推知。""而对于其持论所以不得不如是之苦心孤诣，表一种同情，始能批评其学说之是非得失，而无隔阂肤廓之论。否则数千年前之陈言旧说，与今日之情势迥殊，何一不可以可笑可怪目之乎？但此种同情之态度，最易流于穿凿附会之恶习；因今日所见之古代材料，或散佚而仅存，或晦涩而难解，非经过解释及排比之程序，绝无哲学史之可言。"二是关于伪材料的使用问题，"以中国今日之考据学，已足辨别古书之真伪；然真伪者，不过相对问题，而最要在能审定伪材料之时代及作者而利用之。盖伪材料亦有时与真材料同一可贵。如某种伪材料，若径认为其所依托之时代及作者之真产物，固不可也；但能考出其作伪时代及作者，即据以说明此时代及作者之思想，则变为一真材料矣"①。陈寅恪所表彰的这两点，虽未点名批评胡适，

---

① 陈寅恪：《审查报告一》，收入《三松堂全集》第2册，郑州：河南人民出版社1988年5月版，第373—374页。

但他明扬冯友兰的《中国哲学史》，实则有贬胡适的《中国哲学史大纲》之意。

陈寅恪所谓"同情之了解"在"古史辨"讨论中实已涉及，刘掞藜在就顾颉刚所持古史态度的商榷中，明确表示："我对于古史只采取'察传'的态度，参之以情，验之以理，断之以证。"①他还说："我对于经书或任何子书不敢妄信，但也不敢闭着眼睛，一笔抹杀；总须度之以情，验之以理，决之以证。经过严密的考量映证，不可信的便不信了。但不能因一事不可信，便随便说他事俱不可信；因一书一篇不可信，便随便说他书他篇皆不可信。"②胡适在《古史讨论的读后感》中对刘文的观点予以了反驳，显然素受"宋学"影响的冯友兰、陈寅恪先生对于胡适的观点不表赞成，而对刘掞藜的观点作了进一步发挥。关于材料使用的问题，胡适的《中国哲学史大纲》在导言中对"哲学史的史料"、"史料的审定"、"审定史料之法"作了系统的论述，并花了很大气力对其所使用的史料作了考证。胡适强调："哲学史最重学说的真相，先后的次序和沿革的线索，若把那些不可靠的材料信为真书，必致（一）失了各家学说的真相；（二）乱了学说先后的次序；（三）乱了学派相承的系统。"③故其在材料使用上，不使用伪书或者不可靠的史料。而冯友兰先生的看法则迥异，"对于哲学史的资料，流传下来，号称是某子某人的著作，

---

① 刘掞藜：《讨论古史再质顾先生》，收入《古史辨》第一册，北平：朴社1931年8月第六版，第161页。
② 同上书，第164页。
③ 胡适：《中国古代哲学史》第一篇《导言》，载《胡适文集》第6册，第172页。

首先要看它有没有内容。如果没有内容，即使是真的，也没有多大的价值。如果有内容，即使是伪的，也是有价值的。所谓真伪的问题，不过是时间上的先后问题"①。显然，冯友兰并不在意史料的真伪，而是看重其内容的有无。

金岳霖先生在谈到写作中国哲学史的态度至少有两点："一个态度是把中国哲学当作中国国学中之一种特别的学问，与普遍哲学不必发生异同的程度问题；另一态度是把中国哲学当作发现于中国的哲学。"金先生以为第一种态度在现代中国已不可能，而如取第二种态度，"我们可以根据一种哲学的主张来写中国哲学史，我们也可以不根据任何一种主张而仅仅以普通哲学形式来写中国哲学史。胡适之先生的《中国哲学史大纲》就是根据于一种哲学的主张而写出来的。我们看那本书的时候，难免一种奇怪的印象，有的时候简直觉得那本书的作者是一个研究中国思想的美国人；胡先生于不知不觉间流露出来的成见，是多数美国人的成见"。"冯先生的态度也是以中国哲学史为在中国的哲学史；但他没有以一种哲学的成见来写中国哲学史。""他说哲学是说出一个道理来的道理，这也可以说是他主见之一；但这种意见是一种普遍哲学的形式问题而不是一种哲学主张的问题。冯先生既以哲学为说出一个道理来的道理，则他所注重的不仅是道而且是理，不仅是实质而且是形式，不仅是问题而且是

---

① 冯友兰：《三松堂自序》第五章《三十年代》，载《三松堂全集》第1册，第189—190页。

方法。"①金岳霖这段话语中所提以一种普遍哲学的形式研究中国哲学,实际上提出了中国哲学研究的一个方向。但在当时的历史条件下,这种普遍哲学的形式也非取法西方哲学不可,1930年代,冯友兰发表了类似蔡元培的观点:"中国哲学,没有形式上的系统,若不研究西洋哲学,则我们整理中国哲学,便无所取法;中国过去没有成文的哲学史,若不研究西洋哲学史(写的西洋哲学史),则我们著述中国哲学史,便无所矜式。据此,可见西洋哲学之形式上的系统,实是整理中国哲学之模范。"②冯先生认定现在只有"西洋哲学之形式上的系统"可供人们效法。而金岳霖所提到的冯著"没有以一种哲学的成见来写中国哲学史"这一点,似也很难成立。1950年代胡适仍不屈服金岳霖等人的意见,他重提当年关于老子年代问题的考证,以为在冯友兰那里"原来不是一个考据方法的问题,原来只是一个宗教信仰的问题"③。实际上是在标明冯友兰所持的是正统派的立场,而他写作哲学史的态度是历史的、科学的、非正统的。

　　胡适与冯友兰、陈寅恪、金岳霖的区别,实际上是"汉学"与"宋学"在中国哲学史研究两军对垒上的具体表现。对此,胡、冯二人在后来多少有所体悟。胡适在《中国古代哲学史》台北版自记中提到"推翻'六家'、'九流'的旧说","而直接回到可靠的史料,依据

---

① 金岳霖:《审查报告二》,载《三松堂全集》第2卷,郑州:河南人民出版社1988年5月版,第379—380页。
② 冯友兰:《怎样研究中国哲学史?》,载《三松堂全集》第11卷,郑州:河南人民出版社2000年12月第二版,第403页。
③ 胡适:《中国古代哲学史》台北版自记,载《胡适文集》第6册,第162页。

史料重新寻出古代思想的渊源流变:这是我40年前的一个目标。我的成绩也许没有做到我的期望,但这个治思想史的方法是在今天还值得学人考虑的"①。而冯友兰先生则更明确地点明他与胡适的区别是"汉学"与"宋学"的不同。他说:"蔡元培说,胡适是汉学家,这是真的。他的书既有汉学的长处又有汉学的短处。长处是,对于文字的考证、训诂比较详细;短处是,对于文字所表示的义理的了解、体会比较肤浅。宋学正是相反。它不注重文字的考证、训诂,而注重于文字所表示的义理的了解、体会。""胡适的《中国哲学史大纲》对于资料的真伪,文字的考证,占了很大的篇幅,而对于哲学家们的哲学思想,则讲得不够透,不够细。金岳霖说,西洋哲学与名学非其所长,大概也是就这一点说的。我的《中国哲学史》在对于各家的哲学思想的了解和体会这一方面讲得比较多。这就是所谓'汉学'与'宋学'两种方法的不同。"②

在现代中国写作中国哲学史,是一件艰巨的工作。胡适、冯友兰作为先行者,他们的研究工作,不仅为我们提供了中国哲学史研究的典范,而且也在实践上给我们提出了诸多问题。

关于哲学史的研究对象。胡适提到哲学的门类包括:宇宙论、名学及知识论、人生哲学、教育哲学、政治哲学、宗教哲学③。而冯友兰则明确指出一般意义上

---

① 胡适:《中国古代哲学史》台北版自记,载《胡适文集》第6册,第160页。
② 冯友兰:《三松堂自序》第五章《三十年代》,载《三松堂全集》第1卷,第190—191页。
③ 胡适:《中国古代哲学史》第一篇《导言》,载《胡适文集》第6册,第163页。

的哲学仅仅包含三大部:宇宙论、人生论、知识论。而将教育哲学、政治哲学、宗教哲学作为专门性的哲学来处理①。冯的这一区别,为写作通论性的中国哲学史提供了理论依据。

关于材料的处理问题,胡适强调考证材料的真伪,在此基础上,采用可信的史料;而冯友兰则以为伪史、伪书如有内容,亦可为利用,可有研究的价值,不能弃置不用。现在看来,胡、冯两者的意见应该说是可互为补充,但胡适的意见应为前提。换句话说,不论真书伪书,虽可利用,但如不弄清其时代、作者及版本源流,则在叙述哲学家的思想时不免产生错乱。

关于如何处理中国哲学的形式与内容问题?这是中国哲学史这门学科从创建以来就已提出的一个难题。早在写作《先秦名学史》时,胡适提出以"中西互释"之法来研究中国哲学:"如果用现代哲学去重新解释中国古代哲学,又用中国固有的哲学去解释现代哲学,这样,也只有这样,才能使中国的哲学家和哲学研究在运用思考与研究的新方法与工具时感到心安理得。"②冯友兰指出:"西洋所谓哲学,与中国魏晋人所谓玄学,宋明人所谓道学,及清人所谓义理之学,其所研究之对象,颇可谓约略相当。"③故处理中国哲学有两种办法:一是按照西洋所谓哲学之标准,取中国义理学中可与之相对应者,写作中国哲学史。二是以中国

---

① 冯友兰:《中国哲学史》第一章《绪论》,载《三松堂全集》第2卷,第5页。
② 胡适:《先秦名学史》导论《逻辑与哲学》,载《胡适文集》第6册,第11页。
③ 冯友兰:《中国哲学史》第一章《绪论》,郑州:河南人民出版社1988年5月版,第9页。

义理之学本身的体系为主体,作中国义理学史;甚至可就西洋历史上各种学问中,将其可以义理之学名之者,选出而叙述之,以成西洋义理学史。在这两种选择中,冯友兰以为后者不可行。因为"就原则上言,此本无不可之处。不过就事实言,则近代学问,起于西洋,科学其尤著者。若指中国或西洋历史上种种学问之某部分,而谓为义理之学,则其在近代学问中之地位,与其与各种近代学问之关系,未易知也。若指而谓为哲学,则无此困难。此所以近来只有中国哲学史之作,而无西洋义理之学史之作也。以此之故,吾人以下即竟用中国哲学及中国哲学家之名词。所谓中国哲学者,即中国之某种学问或某种学问之某部分之可以西洋所谓哲学名之者也。所谓中国哲学家者,即中国某学者,可以西洋所谓哲学家名之者也"①。近来亦有学者提出第三种选择:"我们可以把中国义理之学即作为'中国哲学',而不必按照西洋所谓哲学严格限定之。可以说,自冯友兰以后,中国哲学史的研究者都是以此种方法研究中国哲学史,即一方面在理论上认定以西方哲学的内容为标准,另一方面在实际上以中国义理学为范围。"②

综上所述,胡适的《中国哲学史大纲》的功绩是依傍西方哲学形式初步建立了中国哲学史学科,冯友兰的《中国哲学史》的优长是展现了中国哲学实质系统的独立性、民族性,但在西方文化居有强势文化地位的

---

① 冯友兰:《中国哲学史》第一章《绪论》,郑州:河南人民出版社1988年5月版,第9—10页。
② 陈来:《世纪末"中国哲学"研究的挑战》,载《现代中国哲学的追寻》,北京:人民出版社2001年10月版,第355页。

时代,冯友兰的研究也只能适可而止。他所理想的"讲哲学史之一要义,即是要在形式上无系统之哲学中,找出其实质的系统"①,仍是我们这一代学人应该努力的目标。如何合理地解决中国哲学研究中的形式与实质两大系统之间的矛盾,可以说是新世纪中国哲学能否突破的一个瓶颈。

---

① 冯友兰:《中国哲学史》第一章《绪论》,载《三松堂全集》第2册,郑州:河南人民出版社1988年5月版,第14页。

附录二

欧阳哲生讲
胡适

胡适：1917（电视纪录片脚本）

引　子

这位风度翩翩、温文尔雅的青年教授,他的名字在五四时期的知识分子中曾无人不晓,被当时的青年学生奉为偶像。在国际上他是最知名的中国人文学者,一生得了35个名誉博士学位。他像明星一般照耀过中国文化的天空,又一度从我们的视野里消失。今天他被我们重新记忆,是因为他不可磨灭的文化成就。

一、文学革命

历史上一场革命性的变化常常是从一件微末小事开始,五四时期的那场"文学革命"就是如此。作为一名庚款留美学生,胡适每月可收到一笔从华盛顿中国公使馆寄来的生活津贴,负责邮寄津贴支票的公使馆秘书是一位性情苛严的基督徒,每次他都在信封内塞进一些宣传社会改革的传单,如"不满25岁不娶妻"、"多种树,种树有益"等诸如此类的道德箴言。1915年初的一天,胡适收到的宣传单是劝说中国改用字母拼音,以求教育普及。起初胡适对这张宣传单颇为反感,认为像这种不通汉文的人没有资格谈论这件事,但随后他就意识到自己的不对,觉得自己有必要用心思研究这个问题。他找来对语言问题极有天赋的同学赵元任一起商量,决定将"中国文字的问题"列为当年留美学生会文学股年会上的议题,两人在会上各自提交了论文,赵君的论题是"吾国文字能否采用字母制及其进行方法",胡适的论题是"如何可使吾国文言易于教授",胡适文中表达了一个新鲜的命题:文言是半死的语言,白话是活的语言。

文言是传统士人使用的书面语言,白话是百姓日常使用的口语。胡适对文言的贬意在与会留美的中国学生中引起了轩然大波。以梅光迪为代表的大部分同学不同意胡适的观点,绝不承认文言是半死或全死的文字。双方展开了辩论,问题从中国文字到中国文学,胡适越辩越激烈,梅光迪则越驳越守旧。这年秋天,胡适要离开在绮色佳的康奈尔大学,转学到哥伦比亚大学攻读哲学博士学位;而梅光迪取道绮色佳,由西北大学转往哈佛大学学习文学。分手时,胡适做了一首长诗送给梅君,诗中胡适第一次提出了"文学革命",这是一个大胆的宣言:

(字幕)梅君梅君毋自鄙!
　　　神州文学久枯馁,
　　　百年未有健者起。
　　　新潮之来不可止,
　　　文学革命其时矣。
　　　吾辈势不容坐视,
　　　且复号召二三子,
　　　革命军前杖马箠,
　　　鞭笞驱除一车鬼,
　　　再拜迎入新世纪!
　　　以此报国未云菲,
　　　缩地戡无差可儗儗。
　　　梅君梅君毋自鄙!
　　　　　——胡适《送梅觐庄往哈佛大学》

同学们觉得胡适的狂言有点不可思议。胡适原诗四百二十个字,全篇用了十一个外国字的译音。一个与胡适与很要好的留学生——任鸿隽把诗里的一些外国字连辍起来,做了一首游戏诗回赠胡适,诗的末行颇带挖苦之意:

(字幕)牛敦爱迭孙,培根客尔文。
　　　索虏与霍桑,"烟士披里纯"。
　　　鞭笞一车鬼,为君生琼英。
　　　文学今革命,作歌送胡生。
　　　　　——任鸿隽《送胡生往哥伦比亚大学》

胡适自然不能把这首诗当作游戏看。他觉得自己是经过深思熟虑才提出这样一个严肃命题。于是他写了一首很庄重的答词寄给绮色佳的朋友们,又喊出了"诗国革命",提出"要须作诗如作文"。

(字幕)诗国革命何自始,要须作诗如作文。
——胡适《依韵和叔永戏赠诗》

正统的文学观将诗与文截然分离为两途,它不屑于白话化的诗。胡适反叛这样一种传统。他的观点在康奈尔、哥伦比亚、哈佛、瓦夏、华盛顿这五所大学的中国留学生宿舍里广泛流传,被大家争议、讨论。这种情形延续了一年多的光景。一天一张明信片,三天一封长信,中间还出现了一个有意思的插曲。

1916年夏的一天,一群中国留学生在康奈尔大学校园内的凯约嘉湖划船。这里山水相连,瀑布飞溅,风景优美。忽然湖面刮起了大风,一场大雨倾泻而下,大家急忙靠岸,在上岸时不小心,把船弄翻了,虽没出什么危险,大家的衣服却全湿了。任鸿隽做了一首《泛湖即事》诗寄给胡适。胡适又就诗中的一些句子回信与任讨论。梅光迪出来为任打抱不平。这是一个创作诗歌例案的争论,焦点是白话能否入诗。梅、任反对的意见把胡适逼上梁山,逼迫他将自己关于文学革命的思想作一个系统的整理和更充分的表达。

在留美学生群中,胡适只得到一个名叫陈衡哲的女生的支持。她热爱诗歌创作,任鸿隽情系这位才华出众的女生,可陈衡哲似乎被胡适的思想所吸引,她被胡适引为新文学路上的第一位女同志。

在这种孤军奋战的环境里,胡适感触到一种思想

的寂寞,他写下了这样的诗句:

(字幕)两个黄蝴蝶,双双飞上天。
　　　　不知为什么,一个忽飞还。
　　　　剩下那一个,孤单怪可怜;
　　　　也无心上天,天上太孤单。

——胡适《蝴蝶》

革新是一件轰轰烈烈的事业。但先驱者却往往是孤独的。正在国内主编《新青年》杂志的陈独秀,也有一种势单力薄的孤独感。他编刊物,常常找不到自己满意的稿子,有时候他不得不自己来包揽一期的稿子。他到处寻找知音,物色作者,经人介绍他与胡适联系上了,他慨叹地对胡适说:"中国社会可与共事之人,实不易得。"他写信催促胡适将关于文学革命的意见写出来。

(字幕)文学改革,为吾国目前切要之事。此非戏
　　　　言,更非空言,如何如何?《青年》文艺栏
　　　　意在改革文艺,而实无办法。吾国无写实
　　　　诗文以为模范,译西文又未能直接唤起国
　　　　人写实主义之观念,此事务求足下赐以所
　　　　作写实文字,切实作一改良文学论文,寄
　　　　登《青年》,均所至盼。

——1916年10月5日陈独秀致胡适

梅、任两君的反对与陈独秀的力邀,形成了一个强烈对比。胡适将自己几年的思考系统铺陈一篇长文——《文学改良刍议》。1917年1月1日出刊的《新青年》,引人注目的登出了这篇文章。身在美国

的胡适考虑到国内环境的更为保守,他的文章措词相对温和,但它提出的"八事"却表达了一场"文学革命"的基本诉求。

(字幕)一曰须言之有物。

二曰不摹仿古人。

三曰须讲求方法。

四曰不作无病之呻吟。

五曰务去烂调套语。

六曰不用典。

七曰不讲对仗。

八曰不避俗字俗语。

——胡适《文学改良刍议》

陈独秀是一位敏锐的革命家,文中所包含的革命性内容,被他一眼洞穿,在接下来的一期《新青年》中他发表了一篇《文学革命论》,大力推荐胡适的文章:

(字幕)文学革命之气运,酝酿已非一日,其首举义旗之急先锋,则为吾友胡适。余甘冒全国学究之敌,高张"文学革命军"大旗,以为吾友之声援。旗上大书特书吾革命军三大主义:曰,推倒雕琢的阿谀的贵族文学,建设平易的抒情的国民文学;曰,推倒陈腐的铺张的古典文学,建设新鲜的立诚的写实文学;曰,推倒迂晦的艰涩的山林文学,建设明了的通俗的社会文学。

——陈独秀《文学革命论》

态度比胡适来得更坚决,语气也更激烈。北大的另一位教授钱玄同也站出来为胡、陈助阵。这位国学大师章太炎的高足颇有高阳酒徒的气概,他写信给陈独秀,斥责在文坛居主流地位的一大批古文宗师为"选学妖孽"、"桐城谬种"。

"文学革命"的呼声对文坛形成一种冲击。康有为、严复、辜鸿铭这些文坛宿老不以为然,著名的翻译家林纾感到有必要出面一搏,这位不懂西文的翻译家曾以文言翻译了一百八十多种西洋小说。他在上海《民国日报》发表了一篇《论古文之不当废》。在《申报》上他又发表了一篇小说《荆生》,在小说中创作了三个小丑似的人物影射攻击陈独秀、胡适和钱玄同。但他说:"吾固知古文之不当废,然吾不知其所以然。"这样一个糟糕的反对派自然不堪一击。

胡适在《新青年》上第一次公开发表自己创作的白话诗词。这是一首题为《人力车夫》的新诗,她充满了对人力车夫这一下层劳动人民的同情和悲悯:

(字幕)警察法令,十八岁以下,五十岁以上,皆不得为人力车夫。

"车子!车子!"车来如飞。

客看车夫,忽然中心酸悲。

客问车夫,"你今年几岁?拉车拉了多少时?"

车夫答道:"今年十六,拉过三年车了,你老别多疑。"

客告车夫,"你年纪太小,我不坐你车。我坐你车,我心惨凄。"

车夫告客,"我半日没有生意,我又寒

又饥。
你老的好心肠,饱不了我的饿肚皮,
我年纪小拉车,警察还不管,你老又是谁?"……

——胡适《人力车夫》

胡适初期尝试创作的白话诗词,还带有明显的旧诗痕迹。用他自己的话说,就象一个缠过脚的女人,不免还带有缠脚时代的血腥气。但他打破自古以来"尝试成功自古无"的观念,坚信"自古成功在尝试",大胆地向前探索。

二、新文化运动的理想

那时的中国虽然已挂起了民国的招牌,但政治失序,社会动荡。旧派摇头,新派不满。国内许多知识分子在这座沉闷的铁屋里为国家、民族痛苦的焦虑,但他们找不到出路。在留美的那些峥嵘岁月,胡适耳濡目染美国的民主政治,思考改造中国之道。1915年他在日记中写下了这么一段话:

(字幕)适以为今日造因之道,首在树人,树人之道,端赖教育,故适近来别无奢望,但求归国后能以一张苦口,一支秃笔,从事于社会教育,以为百年树人之计:如是而已。

——《胡适留学日记》(三)卷十二

1917年5月22日,胡适参加博士学位考试后,就匆匆踏上了归国的路程,他感受到一种使命。在日记上他记下了《伊利亚特》中的一句话:"如果我们已经回来，你们请看分晓吧！"

胡适归国的船到了日本横滨，就听到了张勋复辟的消息，这是民国以来演出的第二幕复辟帝制丑剧。到了上海，一位朋友领他去大舞台看京戏，没想到演戏的人还是他十年前见过的赵如泉、沈韵秋、万盏灯、何家声、何金寿这些老角色在台上撑场面。胡适又去逛书店，令他失望的是，书滩上摆满了玩扑克、算命卜卦一类的书，没有几部有价值的中外文书籍可读。胡适回到阔别七年、梦回萦绕的家乡——徽州，没想到"三炮台"的纸烟也已流行到这里，乡村的学堂残破不堪。人们整天打扑克，打麻雀，泡茶馆，时间不值钱。一个曾经为人类文明创造辉煌的民族，精神衰竭到这种地步！不禁令胡适想放声大哭。他说："如今的中国人，肚子饿了，还有些施粥的厂把粥给他们吃。只是那些脑子叫饿的人可真没有东西吃了。难道可以把些《九尾龟》、《十尾龟》来充饥吗？"

胡适对自己看到的这一幕幕情景刻骨铭心。四年以后他语重心长地对朋友说："1917年7月我回国时，船到横槟，便听见张勋复辟的消息；到了上海，看了出版界的孤陋，教育界的沉寂，我方才知道张勋复辟乃是极自然的现象，我方才打定二十年不谈政治的决心，要想在思想文艺上替中国政治建筑一个革新的基础。"

三、北大与《新青年》

这处秋天，胡适被聘任为北大教授，时年26岁，正是风华正茂，大展才华的年头。当时北大人才济济，尤其是在文科，新旧两派的力量都很强壮。旧派一方有黄侃、辜鸿铭、刘师培这批人；新派一方以《新青年》的作者为主。胡适的到来无疑是给新派增添了一员大将。校长蔡元培是一位德高望重、锐意革新的教育家；文科学长陈独秀是一位意志坚定的革命家。有趣的是，蔡先生长陈独秀12岁，陈独秀大胡适12岁，三人都属兔。

胡适进北大之初，在哲学门担任中国哲学史大纲、西洋哲学史大纲两门课；在英国文学门担任英文学、英文修辞学、英诗、欧洲文学名著等课。

西洋哲学史、英文这类与欧美有关的课程，对这位"镀金"归来的留学生来说并不为难，胡适在美留学的七年，接受了系统的西方人文社会科学教育，接触了欧美最新流行的各种思潮。唯独中国哲学史这门课，对他来说是一个考验。

那时北大的学生对教师十分挑剔，据当时在北大读书的冯友兰先生回忆，曾经有一位名不见经传的先生接替马叙伦先生的"宋学"一课，因为讲义有误，被学生轰下讲台。现在胡适接受的这门课，原由年近古稀的老先生陈汉章担任，老先生的国学根基深厚，他讲课从三皇五帝讲起，讲了半年才讲到周公。胡适接任后，发下他的讲义《中国哲学史大纲》，讲义丢开唐、虞、夏、商，直接从周宣王以后讲起。这一改对学生们充满三皇五帝神话传说的脑筋，不啻是一个巨大的冲击，学生哗然。有些学生以为胡适此举是思想造反，不配登台讲课，他们找来在学生中颇有威望而国学基础甚厚的傅斯年来听课，结果傅听课后的评价是："这个人，中国古书虽然读得不多，但他走的这一条路是对的。你们不能闹。"经他这么一说，这场风波才平息下去。多年以后，胡适回忆起这件事，幽默地称傅斯年是他来北大后的"保护人"。

对北大学生思想造成震撼性效应的这门中国哲学史大纲课程，究竟讲的是什么呢？我们可以从一年以后出版的《中国哲学史大纲》一书看出它的痕迹。在传统的思想观念中，儒家学说被树为正统，置于其他学说之上；而胡适则将儒家与其他诸子平等的对待，还它一个历史的本来面目。传统的学术，哲学家的思想，无论有没有新的东西，基本上都是用注释经典的形式表达出来，所以把经典的原文作为正文用大字顶格写下来；胡适的这部书把自己的话作为正文，用大字顶格写下来，而把引用古人的话，用小字低一格写下来。传统的学术著作用文言写作，而胡适的这部书改用白话写作。这一切，都意味着一场学术范式的革命，它反映了五四这一代学者对民主、科学精神的追求。

北大结集了一批新派教授。《新青年》改组为同人刊物，由陈独秀、胡适、李大钊、钱玄同、高一涵、沈尹默六人轮流主持。一批受新文化影响的北大学生，傅斯年、罗家伦、康白情、俞平伯等开始聚集在《新青年》的周围，他们也办了一个刊物——《新潮》，它的英文意思是"文艺复兴"（Renaissance），胡适是他们的顾问。《新青年》与《新潮》彼此呼应，成了新文化运动的核心刊物。

四、个性解放

这是一个个性解放的时代。中国传统刻板的家庭制度所显示的非人道束缚，使无数青年的个性根本无从伸张。五四时期,一位叫李超的女子求学心切,受到兄长的百般阻碍,不得已出家,最后被折磨至死。胡适被这一触目惊心的事件所震动,他破例为这位无名女子立传。胡适在《新青年》上设立"易卜生主义"专号,向世人宣传"健全的个人主义精神"。

(字幕)我所最期望于你的是一种真益纯粹的为我主义。要使你有时觉得天下只有关于我的事最要紧,其余的都算不得什么。……你要想有益于社会,最好的法子莫如把你自己这块材料铸造成器。……有时候我真觉得全世界都像海上撞沉了船,最要紧的还是救出自己。

——胡适《易卜生主义》

胡适开始对传统礼教进行改革。他最敬爱的母亲去世,他打破"三年丧制"的陈规,只穿了五个月零十几天的丧服,丧葬事宜从简。他做了父亲,却告诫儿子要做一个堂堂的人,不要做自己的孝顺儿子。他发表《贞操问题》,指责北洋政府的《褒扬条例》鼓励女子自杀殉夫,是"野蛮残忍的法律"。他演讲《大学开女禁的问题》,呼吁大学招收女生、延聘女教授,蔡元培先生采纳他的建议,北大率先招收了第一批女生,聘请了中国第一位女教授。北大成立进德会,胡适自列为甲种会员,它要求不嫖、不赌、不纳妾。

无数青年是旧家庭制度的牺牲品。胡适自己的婚姻也是媒约之言,母亲之命。母亲很早就为他订下与江冬秀的亲事。出于对母亲的尊重,胡适接受了这份礼品,洞房花烛夜他才第一次见到相思13年的新娘。

从此以后,胡适与她相敬相爱,这位不识字的小脚夫人伴随了胡适的一生。历史的缺陷有时也需要以一种妥协的方式来弥补。

五、新文化运动的果实

新文化运动像一匹不羁的狂马向前奔跑。各种白话报刊杂志如雨后春笋般成长,"文学革命"终于由几个同志的酝酿、发动形成为一种文化运动。北洋政府的教育部也不得不承认既成的现实,1920年教育部通令全国把小学一二年级国文改为国语,1923年中学国文课本改为国语科。白话文公然叫做国语了。

胡适归国回到老家时,他的母亲对他说:"你出国前种的茅竹,现在已经成林了。"胡适走进菜园一看,果然是一片碧绿的新竹。现在想不到由他插下的第一根文学革命新竹,没过六七年的功夫就绿遍了全国。

受到新文学、新思潮影响的青年学生开始激奋起来,他们对社会生活各方面的改革抱有极大的参与热情,胡适成了他们的导师。胡适居住的南池子缎库后街8号成了来自各地的青年学生拜访的场所,在这些青年学生中,有一位身材瘦高,操着浓厚湖南口音的青年,他就是后来名震中外的毛泽东。毛泽东当时多次登门拜访,或写信向胡适求教。

长征胜利后,毛泽东在延安与美国记者埃德加·斯诺谈话时,说五四前后,他"非常钦佩胡适和陈独秀的文章",胡适、陈独秀代替从前的梁启超、康有为,成为他崇拜的新的偶像。这是今天在胡适档案中还保存的一张1920年1月15日毛泽东给胡适的明信片。

(手迹照片)

短短三四年的努力终于创造了奇迹。面对这场空前的文化震撼,南方的一位老革命家——孙中山先生将热切的眼光投向北京,他肯定了这"一二觉悟者"所引起的"思想界空前之大变化"。他写信给北大的同志:"率领三千子弟,助我革命。"新文化运动开始超出文学的范围,将它的革新锋芒指向更为广阔的历史舞台。

1999 年 11 月 12 日第一稿
2000 年 3 月 12 日第二稿

跋 语

本书的内容实为进入新世纪以后，我围绕胡适这一主题发表的一组演讲、论文的结集，它们的原始出处为：《胡适在现代中国》为 2001 年 2 月 22 日在美国耶鲁大学东亚系的演讲稿（收入《中国大学讲演录 2003 年 A 辑》，桂林：广西师范大学出版社，2003 年 3 月版），《重新发现胡适——胡适档案文献的发掘、整理与利用》一文系 2005 年 10 月 20 日在广州"南国书香节"上的演讲（载 2007 年 4 月《历史档案》第 2 期），《胡适与哥伦比亚大学》为我在 2004 年 9 月应邀赴美国纽约参加哥伦比亚大学主办的"哥大与中国"学术研讨会时提交的论文（载 2004 年 12 月、2005 年 1 月台北《传记文学》第 85 卷第 6 期、第 86 卷第 1 期），《近代中国学人对哲学的理解——以胡适为中心的讨论》为我 2005 年 12 月 3—4 日参加由南开大学与日本爱知大学合办的"现代中国学的方法论研究"中日学者学术研讨会提交的论文（收入由爱知大学出版的会议论文集，又载 2006 年 11 月《中国哲学史》第 4

期),《中国近代哲学史上的胡适》系我为陈来主编"北大哲学门经典文粹"丛书所编《胡适选集》一书所写的《前言》(吉林人民出版社2005年5月出版,又载2006年1月《学术界》第1期)。前两章因原为演讲稿,故还保留着演讲的口语化风格。书后的附录一《中国哲学史研究范式回顾》收入《新哲学》第二辑(大象出版社2004年7月出版),附录二《胡适:1917》系我应中央电视台之约为拍摄该片所写的电视纪录片脚本。

借北京大学出版社编辑、出版"未名讲坛"丛书的机会,我将上述演讲稿、论文汇集成书,收入本书时作了一些相应的修改和调整,算是对自己新近研究胡适心得的一次整理,以与学界同人交流。书前使用的照片则是我从北京大学档案馆、哥伦比亚大学档案馆、胡祖望先生等处获得或复制,这些照片似未见在中文世界使用过,故特意辑录于此,以飨读者。

感谢杨书澜女士的邀约,她的再三催促,促使我不得不尽快结束本书的合成。但愿我以现在这种方式交稿塞责,不致偏离丛书的初衷太远。

2007年12月12日夜于海淀蓝旗营

未名讲坛

(第一辑)

蒙培元讲孔子

杨国荣讲王阳明

曹卫东讲哈贝马斯

朱高正讲康德

莫伟民讲福柯

杨大春讲梅洛-庞蒂

(第二辑)

蒙培元讲孟子

赵敦华讲波普尔

邓晓芒讲黑格尔

欧阳哲生讲胡适

尚杰讲狄德罗

高旭东讲鲁迅

汪堂家讲德里达

高宣扬讲拉康